インテリアデザイン

寺原芳彦＝監修
寺原芳彦＋足立　正＋落合　勉／著

武蔵野美術大学出版局

はじめに

　インテリアの領域は広く、大別すると空間系（スペース）と、エレメント系（モノ）に分けられ、言い換えれば建築系とプロダクト系ともいえる。欧米ではこれらを「建築」と総称していることも多く、教育における呼称、解釈が異なる場合もある。本学においては「インテリア」として独立した呼称と内容で行われている。それは非生産型の建築系と生産型のプロダクト系を有していながら、デザインのすすめ方は基本的には同じであるという考え方に基づいている。従って双方共、勉強、研究する項目は共通である。しかしながら、一方は「場」全体をデザインし、つくりあげていくことが中心であるのに対し、一方は、「道具」という生活空間における部分をデザインし、つくることが中心となるものとでは、デザインの視点、考察、表現など相違点が当然ありうる。そこで、今回第2章の「空間」と第3章の「エレメント」の項目名称についてはほぼ同様にして、"デザインのアプローチは共通である"ことを解り易くした。詳細についての手段、方法は良く読んで、違いがあることを認識し、勉強してもらいたい。参考とする引き合い物など重複している部分が多い場合もあるが、原点は一つ、として理解してほしい。又、内容がほとんど同じ場合は、「空間」「エレメント」のいずれかを参照してもらいたいので、省いている場合もある。

　特に留意してほしい項目は、「材料、仕上、工法」、「仕事のしくみ」、「デザインのすすめ方」、「プレゼンテーション」、「ケーススタディ」である。これらの項目には大きな相違点がみられるので比較対照しながら参考にして、学んでもらいたい。

工芸工業デザイン学科
インテリア研究室
寺原芳彦

目次

はじめに……………003

第1章　インテリアデザイン

インテリアデザインとは……………008
インテリアの領域……………014
伝統と文化……………020
社会の変遷とインテリア……………022
ライフスタイルとインテリア……………024
アイディアの抽出と展開……………028

第2章　空間としてのインテリア

空間とは……………032
歴史から学ぶ……………034
生活とのかかわり……………037
建築とのかかわり……………039
エクステリアとのかかわり……………041
家具とのかかわり……………043
照明とのかかわり……………045
設備とのかかわり……………047
寸法とモデュール……………050
社会とのかかわり……………054
材料、仕上げ、構法……………057
仕事のしくみ……………060
デザインのすすめかた……………063
プレゼンテーション……………067
ケーススタディ……………069

第3章　エレメントとしてのインテリア

エレメントの領域……………074
歴史から学ぶ……………078
生活とのかかわり……………088
空間とのかかわり……………091
エクステリアとのかかわり……………094
人間工学とのかかわり……………097
材料、仕上げ・工法……………099
社会との対応性……………103
コーディネート……………104
仕事のしくみ……………108
デザインのすすめかた……………110
プレゼンテーション……………113
ケーススタディ……………116

第1章　インテリアデザイン

インテリアデザインとは

■ より内側から

「インテリア」という言葉は、すでに一般用語として定着しているが、その意味、内容については、まだ解釈の仕方が一定していないように思われる。英語を直訳すると、内の、内部の、屋内の、内陸の、奥地の、…つまり「外に対しての内」が原点としての意味であると述べられている。

それをクリエイティブの世界と関連づけて、デザイン用語として定義化した内容をまずは理解する必要がある。空間にたとえると、公共空間であろうと居住空間であろうと、そこには人間及びその暮らしが存在する。「内」という意味はそれらの目的を伴った行為の分析から始まる。その分析要素を形と機能にするのがデザインの作業であり、それら数多くの要素を俯瞰して全体を捉えながら、ひとつひとつ形にしてまとめたものが構成された空間となる。そこには空間と同様に生活の道具があり、地域性、気候風土、時代性に基づく生活環境、暮し方により、素材、機能、形、使用方法が異なる。より内側という視点から区分けすると、家具、生活用品はまず道具であり、生活の原点は道具が先か空間が先か、どちらともとれるが、同時と考えてよいだろう。それほどに双方密接な関係がある。世界各地における生活の歴史をふり返ると解り易い。できるだけ狭い空間で最少限度の道具をしつらえたり、置いたりして生活を営んできた。煮炊きと暖房を兼ねた火の場所、それは道具といってよいだろう。二つの主な機能を満たすための工夫が施されている。鍋をつるす機能的ハンガー、家族数人が囲める広さと煙突機能と寝るための最小面積のベッド、及び多目的食卓というような生活の道具を構成してゆくと生きてゆくためのシンプルな生活の場ができる。それを囲い、覆うとインテリア空間になり、建物となる。つまり原則的考え方として、建築物という器は中に入るのもがどのような道具であるか、また、それらの要素をとりまく小環境が集積されるとどうなるかの考察から形づくられる。それは空虚なボックスではなく、また表面の化粧的表現にとどまるものではない。ただし、インテリアデザインをビジネスとして成り立たせる上では物理的要因が多々あり、建築物としての、内部空間としての、さらには法規上としての、構造上の既製条件を、基本的には踏まえなければならない。その意味においては、外形、内部の形があらかじめ決まっていることもあり、その条件をもとに「内からの発想」を育み、デザインし環境をつくりあげることがインテリアデザインの原則的方法論である。しかしながら、デザインとは秩序に重きをおき、すすめるものであるが、形からの、色からの、素材からの等の発想がまず生じることもあり、それを大事にしつつ、秩序との関わりに整合性をもたせ、最終的にインテリアデザインを成立させる場合もある。

■ 人―モノ―空間

インテリアデザインを学ぶにあたり、その基本的認識事項があり、その一つが、人とモノと空間があいまって、よいインテリアデザインができるということである。いかなる場合でも人とその目的があり、それを遂げるためのモノ（道具といってもよい）と空間との調和が求められる。その表現手段、テクニックは多くあり、どの手段

図1 ル・コルビュジエ 「直角の詩／Le poème de l'angle droit」
大成建設株式会社所蔵 ©F.L.C./ADAGP, Paris & JVACS, Tokyo, 2001

を選ぶかはデザイナーの仕事ともいえる。勉強方法の一つとして、空間意識の持ち方がある。"気分が高揚する""気持ちが落ちつく""気分が楽しくなる"等、必ず気持ちの変化に気づくはずである。その時、人とその行為、モノ（道具）、構成されている空間、を自分なりに感じとり「分析」することが重要である。

また、その分析の中に「比較すること」も含まれ、デザイン作業をする上で常に行わなければならない項目である。それは多くのものを見ることにより、自ずと養われる。比較する対象物は多岐にわたるが、狭範囲としてのモノとモノ、広範囲としての空間と空間、さらには人―モノ―空間を含めた環境というように部分視から全体視へと見方の切換能力も必要とされる。それがインテリアデザインのベーシックな部分であると同時に把握することの難しさのある部分でもある。それを特に多くの巨匠達から学ぶことができる。芸術家、建築家、デザイナーなどのクリエイターは作品を通して、また生活スタイルを通して、人―モノ―空間の関係を環境としてつくりあげているのが解る。建築家フランク・ロイド・ライトは自然を取り込み、建築物、インテリア、家具、照明器具すべてをデザインしている。建築家アルバー・アールトも同様で、ガラス器もデザインしている。陶芸家北大路魯山人は陶器というモノを料理に関連づけ、ひいては食の世界を築き、人に喜びを供与する行為に発展させている。彫刻の分野ではイサム・ノグチは独自の思想として人との関わりを重要視し、作品づくりをしてきた。それは室内空間、屋外空間を問わず、そのものの存在と周囲の環境及び人との調和を目指している。人―モノ―空間の関係を明快に理解する上で参考になる。以上のクリエイター達の共通点はそれぞれの関係と流れが自然発生的に生じている、と感じとれることである。そこには生活環境形成のシナリオがしっかりしているということと、人―モノ―空間を結びつける"つながり"部分があること、またそれが極めて重要で

図2　デザインされたインテリア空間の例

あることを十分認識しているから成り立っている。そのような流れを把握することにより、インテリア空間、生活の場、人間環境が築かれる。

■生きた空間

「生きた空間」の意味を理解することにより、空間、場、環境に関する根本理念の一つを把握することができる。

フランク・ロイド・ライトの建築思想である「LIVING ARCHITECTURE」は「有機的建築」または「生きている建築」と訳されている。建築といえども生物のように息づくものであるという抽象的表現ではあるが解り易い。

それは人間が存在する空間としてふさわしいか、ヒューマニティがあるかどうかということで、それは有機的空間であるかどうかということである。また、形及び形の集積された空間においてもフォルム、コンポジション、

上：図3　イサム ノグチ　「Skyviewing Sculpure」
下：図4　イサム ノグチ　「Sunken Garden for Chase Manhattan Bank Plaza」

素材感の組み合わせによって、見て、居て、過ごして、よい空間が生きた空間といえる。ここで、有機に対する無機を比較すると解り易い。それは"生命力がない"の意であり、つまり原初的にいうならば、有機が"生命力を有する"ということで、生きた空間に通ずる。無機的空間は、たとえきれいだとしてもそれは表面的なものに過ぎず、そのよさは瞬間のものと解釈される。デザインにおいて有機、無機の良し悪しはないが、人間存在が目的である空間の場合は、有機がよいとされる。事例として、インテリアデザイナー倉俣史朗の空間は一般的には無機に近いといわれているが、よく検証してみると、ヒューマニティに富んでいるのに気づく。

それは常に人、人間を背景としたデザイン思想に基づいている。喜び、優しさ、ウィット、ユーモアというような人間が根源的に直感する感情が内包されている。また、素材の選び方、扱い方についても物性の研究から始まり、その特性の引出し、表面処理、そして他の素材の組み合せ、さらにはそれらが目指す空間イメージにいかに生かされるかを検証しつつ、空間の構成、造形をつくりあげている。そこには一見無機の中に十分有機が詰まっているように見える。従って、生きている空間とは表現の方法は型にはまったものではなく、いくつもあるということである。

フランク・ロイド・ライトの建築作品はいかに人間味溢れているかに気づく。それは思想がしっかりしていることと、建築という形にする執念に基づいている。精神面において、住み手、及び訪れる人に感動を与えることを設計の要素として取り入れ、全体及び部分の組み立てを行っている。それは、内部空間に入る前の入口にいたるアプローチから始まっている。

気持ちの高まり、そして空間の変化、さらには大空間におけるパノラマという展開は、生きている空間といってよい。また、自然を取り込み、融合させることにより、有機の要素が増進する方法も用いている。

代表的な落水荘は立地条件が、滝の上にあること、居間の床には、岩をそのまま利用していること、そして眺めに入る滝と川、林を借景にしていることは、訪れる人に強烈な感動を与えている。外観の形と周囲の環境、そして川の流れという動きと変化は、素晴らしい取り合わせであり、構成である。

図5
フランク・ロイド・ライト
「落水荘」
撮影：Farrell Grehan

図6　イサム ノグチ　「新萬来舎　慶應義塾大学」

図7　林雅子　撮影：村井修

　外観、内観共に造形の基本線は水平であり、それに対する垂直、及び有機形態のコンポジションが造形美と心地好さをつくりあげている。生きた空間を知り、勉強するには、ライトの建築とその空間が最も解り易い。

　イサム・ノグチの設計による、慶応義塾大学の萬来舎（父親である野口米次郎の記念館）は、ノグチよる彫刻的椅子、テーブル、ベンチ、暖炉がバランスよく配置されている。床は石、木、畳による3段構成になっている。

　その中心的存在は、2本の太い垂直の柱の間の水平の覆い、その下の円形の炉であり、空間をひきしめている。巨匠はこぞって暖炉をエレメントの重要要素としてデザインしている。空間の中心性が築け、また、その存在自身が有機的でヒューマンな世界をつくりあげるからである。この萬来舎はノグチの彫刻的造形を基本として有機的な目で秩序に基づく調和の保たれた、インパクトのある心地好い空間になっている。

　日本の茶室は日本のみならず、世界から注目され、研究の対象となっている空間である。一見、炉と床のあるシンプルでストイック（禁欲的）な、空虚な空間であるように思われがちであるが、実のところ建築本体より空間のあり方に多くの概念、思い、しきたりがあることが、必然的に興味がわく所以である。従って、有機的空間といってよいと思われる。そのあり方の思想は歴史的には多くの変遷があるが、その一つは民家を昇華させる貴族社会への対抗意識から生まれたことも事実で、その思いというものは、ヒューマンな部分が大である。

　聖域の世界に入る際の心の準備と作法、また、その空間に入ると身分の差はないということなど多くの精神的マナーがある。

　一方、物理的面において、スケールの裏付けもある。最低二畳のものもあるが、四畳半が基準になっている。主人と客との最小限度の間合いからくる狭小空間の美といってよいであろう。

　すべてが正座した状態の使い勝手、及び視線の高さが基準になって、エレメント系が構成されている。躙口、窓の間口、高さ、位置は美しいコンポジションとなっている。また、空間のすべての素材は簡素美へとつながっている（すべての時代ではないが）。いわば、わびさびの世界である。というように、精神面、物理的な面においても、単に美しいが空虚な空間ではなく、人と人の関係、人とモノとの関係、モノとモノとの関係、それらすべての関係が相まって、構成美というものに成り立った空間が、生きた空間といえよう。

モノ・エレメントの集積が空間に

　空間を構成する時には、条件また構成者のまとめ方等により表現は多様である。但し、いかなる場合でも、考え方において、共通する基本要素がある。シカゴ派の建築家ルイス・サリバンの"形は機能に従う"という言葉があり、人間が使う空間、また道具は必ず目的と機能があり、その機能に従いまとめていくと、それ相応の形になるということである（デザインすることは、目的設定から始まるもので、達成させるために具体的な計画をたてるのである）。

　モノにしても空間にしてもよくみるとほとんどの場合、その言葉に促しているのが解る。目的によって機能の質と量も異なるが、機能性と意匠性におけるウェイトのかけ方のバランスを考えながらすすめていくと、デザインが成立する。様々な空間があるが、各目的に応じた人間の行為、導線等をデザインという視座に基づき要素を集め、配置する作業が結果として空間づくりになるということである。

　その解り易い例として、リートフェルトのシュレーダー邸があり、住宅建築としては、特異な存在として有名である。一般的住宅建築以上に家具、建て具のエレメント系に気を配り、それら大小が随所に取り付けられ、配置されている。結果としてそれらエレメントの存在が空間の構成をして、利便性を伴ったきれいな住宅になっている。つまり、人間の住まい方を家具中心のエレメントにより、集積し、機能性のあるコンパクトな空間に仕立てている。

　また、林雅子の三つの床も、建築躯体にも変化をつけ、エレメント化させている。梁、柱は構造体の一部であるが、先に述べた"形は機能に従う"に通じるところがある。空間における効果的な形にするかどうかは、その計画者の考え方、感性に基づくものである。床についてもサンクンフロアー（凹状の床）にすることにより、床に変化をつけ、それに伴い生活の仕方が変化し、床もエレメント化され、他の家具系即ちエレメント系も種類、形、配置に構成の多様性を与えている。

　エレメント系を建築の躯体と一体化させる場合、遊離させる場合、またその折衷もあり、いずれの場合もエレメントの存在は大きく、不可欠なものであり、エレメントの集積が必然的に空間になるのであるが、その構成の仕方をデザインという作業で、バランスよくまとめるところに意味がある。

図8　リートフェルト　「シュレーダー邸」　撮影：下村純一

図9　林雅子　撮影：村井修

インテリアの領域

生活環境として

　そもそもインテリアを構築することは生活環境の整備であり、それをデザインすることは、美と機能を付加することである。つまりインテリアデザインの基盤は生活環境にあり、その目的、内容を把握することが重要である。

　動物、鳥は巣づくりが実にうまい。住まいとしての条件を本能で対処し、無理のない心地好い住環境をつくりあげている。気候、風土、身の保護を十分考慮し、その上で構造、機能を満たし、自然と共生している。住まいづくりの基本的考え方の原点といえよう。人間も文明が発達する以前は地域の地形、風土及び地元の産物を利用し、住まいをつくり、自然に合った環境を形成してきた。熱帯地域の高床式住居や生きた樹を利用した樹上住居は野獣や有毒動物からの防御、また風通し等目的は多くあり、それらの土台、柱となる要素は地元の自然の木、樹を用い、屋根、壁は葉を用いてつくられている。今日問われている生態系の保護と利用に基づいた自然共生型の原点の一例である。周囲と溶け込み、景観上も自然そのものである。そのインテリア空間も目的に即した形で気候風土に適した生活環境になっている。今日の建築、インテリアにおいて、考え方の基本的部分として参考になるといえる。

　生活環境は歴史、伝統、地域、風土、国民性、ライフスタイル等と大いに関係し、それらが相まって個々に独自のものがベースとして築かれ、インテリア空間構成の重要な要素となっている。

　日本の場合、島国ということもあり、異文化の流入は他国に比べると少ないことと、排他的要素を有する国民性ともいわれている。それの良し悪しはあるが、古くは奈良、平安、鎌倉の各時代に中国の文化が多少なり入り、貴族の地位、立場、武士のそれが確立し、自ずと各々の生活、文化がもとで環境が築かれ、空間の機能、しつらいが雅、質実の各生活の空間としても明確になった。

　江戸時代は、215年の鎖国政策により、異文化の影響がほとんどなく、独自の文化が築けたともいわれる。太平の世が続き、繁栄を保ち江戸文化が開花した。庶民の生活、暮らしも潤い、長屋建築とその生活空間と界隈は独特な構成、機能、雰囲気があった。また町人、商人の

図10　清家清　撮影：相原功

図11　安藤忠雄　「住吉の長家－東邸」

動きも活発化し、同時に多くの大工、絵師、陶芸家、茶人が輩出し、武士も相まって日本歴史上熟成された人間味豊かな生活文化となり、今日の文化の礎ともなっている。今日の生活において希薄になっている部分である「人間味」を再考するのによい対象であり、そのあたりを踏まえてのインテリア空間づくりも十分考えられる。特筆する部分として書、蒔絵、楽焼、茶道等多くの分野にまたがり作品を残した本阿弥光悦は現代のアートディレクター的存在であった。茶道、造園、建築において多才振りを発揮した小堀遠州も同様である。また、浮世絵では版画の技法を用いて、モチーフに美女、役者、風景等を描いた喜多川歌麿、東洲斎写楽、葛飾北斎、歌川広重等がいる。かれらは太平の世において、階級の差こそあれ、それぞれの立場におかれた生活環境に基づく作品を残し、それは世の中全体に根ざしたものとなり、暮らしの一部となり、ひいては、後世に、また全世界に影響を与えた。それらは貴族の文化から庶民の文化へと移行し、民主主義の今日の時代の生活に溶け込んでいる。

　現代においては生活環境が直接インテリアの領域に関係し、デザインに反映される。例えば、下町の生活と山の手の生活がある。比較してみると、前者は人との対話を大事にして共同意識をもったコミニュティを形成し、その環境としては特に商店街に顕著に見られる。住宅において、建築家安藤忠雄の設計による住吉長屋は、下町風長屋の特色を生かし、さらに自然と共生という環境を建築にした。後者は個人意識が比較的強く、住環境も独立型指向を望み、共同と個とを設け、使い分けている。清家清の設計による自宅はダイニングとリビングをワンルーム化させているが各々の役割としての領域は空間構成においてはっきりしている。それは階段、カウンターの存在によるところがある。また、吉村順三の設計による氏の別荘は別荘建築の傑作といわれている。別荘生活を最高の場にするために自然を介し、四季の変化を生活にとり入れ、その喜びを味わうための十分考慮された建築本体と内部空間は、非日常として最高の生活環境を形にしたといえる。

図12　吉村設計事務所

建築空間として

　エレメント系のモノに対して、建築空間もインテリアの主たる領域である。建築があってのインテリアか、インテリアあっての建築かはいずれの理論も成り立つ。人類の祖先の生活を見てみると、構築物ではない洞窟を住まいの場として、壁画等を描き、インテリア空間をつくりあげている。その後、外敵から身を守るためという目的で架構をつくっている。それらの原点は内部要因、つまりインテリアということになる。現代においては、意匠、デザインという要因を建築に取り入れ、造形物にしている。当然のことながら、内部機能との関わりがあっての架構及び構造体であるが、さらに深く掘り下げた内部要素の考察と表現が必要となってくる。それがインテリアデザインの領域である。一般的には、構造体とインテリアが連繋して双方が成り立つことを基本としている。しかし複合ビル等では各々が独自の目的に合わせた空間づくりをする場合があり、構造体の造形とは無関係であるが、建築空間としてインテリアの領域である。

　建築物の目的、内容が単一で単独の建物の場合、住宅、美術館、教会、学校、工場、ホテル、商業建築等あるが、構造体のデザインもヴィジュアル視認性において極めて重要である。また、その構造体の特色を取り入れ、インテリア空間と結びつけられる。逆に目的、内容が複数で多岐にわたる場合、駅、オフィスビル、ショッピングモール等複合施設は、特に構造体をインテリアに生かすことはできない。

　建築の構造体の主なものに、RC造（Reinforced Concrete Construction、鉄筋コンクリート造）、木造（軸組工法、パネル工法）があり、RCの場合、型枠の打放し状態のテクスチャーを意匠として生かす方法が普及している。コンクリートという構造体の質感を外観、内観共に直接に表現している。内観の場合は壁、柱が主であり、それを生かし、インテリア空間をデザインしている。まさに建築空間としてのインテリアであり、解り易い例である。

　木造の軸組工法の場合、柱、梁を主とした多くの部材で構成され、それぞれの接合の仕方、組み方に特色があり、家の基本的構造が解り易い。同時に構造美ともいえる。その部分を残し、他の部分を仕上げて、インテリア空間をデザインすることも建築本体と内部空間を一体化させる一つの方法である。

　日本の伝統的な民家も軸組工法の架構の特色が生かされた建築であると同時にインテリア空間である。その代表的なものが合掌造りである。空間の構成の仕方は住まいとして機能的であり、架構の構成も造形美になっている。必然性を構造の伴った形にしてゆくと、機能美と構造美になる代表的な例である。

　というように、一般的な日本家屋においても同様で、モンスーン型である日本における気候・風土がつくりあげてきた様式である。それは障子・襖の開閉機能を利用し、目的に合わせ、部屋を狭、広と変化させる可変空間に仕立てた。また、縁側という内と外の中間的存在の場があり、ここにも障子の開閉により外部環境を取り込む役目をしたり、内部空間の一部であると位置づけたり、インテリアの領域としてユニークで重要な空間が見受け

図13　林雅子　撮影：村井修

られる。同様に玄関、土間も日本家屋ならではの独特なインテリア空間であり、建築本体と分離できない一体型といえ、内部空間が先か否かの論議は成り立たない。そのような様々な空間、場は原点として人間のためのものであり、人間の体及びその動作と姿勢及びその範囲に基づいている。その測定基準をモデュール（モデュロール）と称する。昔は定義づけられたものはなかったが存在しており、それに従い構築されている。その後、建築家ル・コルビジェによって提案され、モデューロール（仏語）として一般に認識されるようになった。人体寸法と黄金分割を組み合わせたもので、法則化された寸法システムである。この考え方は、建築の生産化、量産化の向上に利用され、それが現場作業の効率をよくさせている。もとはといえば人間の体であり、より内側からの発想により起因するところであり、それによって建具、家具、部分空間、全体空間ができあがる。インテリア空間を構成する際、多くの要素、多くの秩序から成り立ち、モデュールという要素と、それを軸とした秩序が重要である。

またインテリア空間において不可欠な要素が光である。物理的な面と、精神的な面、共に大きな影響を与える。設計者は空間の目的に沿い、自然光の採り方、人工光の扱い方を空間の光による形にするために十分な光のシミュレーションを試みる。

建築家ル・コルビジェの設計によるロンシャンの礼拝堂は光の取り込み方を最も大事にする建築であり、設計者の思いが異次元空間風の中に美しい荘厳さを表現している。広い空間における多くの窓とその形の位置がきれいなコンポジションとなって、そこから洩れ入る光の効果が全体を光の造形空間に仕立てている。

彫刻家イサム・ノグチの設計によるアメリカン・ストーブ・カンパニー・ビルのインテリア空間は特に天井の彫刻が、光の彫刻といってよいほどノグチの光に対する賛辞を感じる。光というものは形はないが、形をつくるものとして捉え、それほど造形上極めて大事にしている。

光の質である鋭、鈍、強、弱、優、厳、柔、硬等が立体としての空間に対し様々な表情を与える。

図14　ル・コルビュジエ　「ロンシャンの礼拝堂」　撮影：矢萩喜従郎

図15　イサム・ノグチ　「American Stove Ceiling」

エレメントとして（家具、ID、クラフト、彫刻、アート）

インテリアの一般的領域は室内空間設計、家具、照明器具に代表されるが、その範囲は大変広い。建築、ID（インダストリアルデザイン）、クラフトの各領域とクロスオーバーしていて境界線を引きにくい。

それだけインテリアの領域は広いということである。この点については、世界各国、解釈の違い、教育上の区分けにも違いがある。ここではエレメント系をとりあげ説明する。家具にも多種あり、大量生産するオフィス用家具、一般家庭で使用される木製家具、手加工による家具等がある。金型等をおこし、すべて機械加工による家具はID製品、いわゆる家電製品や車輌の分野に入るといえる。しかしながら、車輌といっても外装と内装があり、内装についてはインテリアと捉え、双方の領域にまたがるといってよい。

一方、手加工中心の少量生産、または一品生産の家具はクラフトの領域に属するといえる。照明においても、家具と同様でID、クラフトに区別される。クラフト系で有名なものは、イサム・ノグチの"あかり"である。一品製品ではなく、簡単な型による少量量産をしているが、雰囲気は明らかにクラフトである。とはいえ、インテリア空間を構成する際の代表的なインテリア用品となっている。同様に、彫刻物であっても時には、インテリア構成要素となり、機能を伴うものとは異なるが、その存在感は大きく、それをとり巻く環境も従うように形成せざるをえない。つまり中心的かつ求心的存在と周囲の要素とが共鳴しあい、また相乗効果によってよい空間を生むということである。

リートフェルトのデザインによるレッド アンド ブルーは基本的には椅子であるが、インテリアのエレメントとして深い意味をもつ。実用性という点については、評価はそれほど高いとはいえないが、座り心地はよい。それは座―背の角度が適切であり、人体寸法を十分考慮に入れたディメンションやアーム（肘）の位置も適切である。

その部材の太さと組み方は美しいバランスで構成されている。リートフェルトの建築はシュレーダー邸に代表されるが、その構成の仕方とレッド アンド ブルーの構成がエレメントとして相まっているように思われる。

図16　イサム ノグチ　「Akari. l-r:1N&1P」

図17　ヘリト・トーマス・リートフェルト　「レッド アンド ブルー」

また、色についてであるが、このカラーリングは画家であるモンドリアンの代表的作品の平面構成からの引用であり、立体における色の構成を試みている。この色の存在もまた、インテリア空間においてエレメント的に印象づけるものである。

　つまり、エレメントの存在は、建築空間の構成秩序に従う場合、逆に空間構成上の主役にする場合、それぞれ役割を異にすることがある。これもデザインの手法の一つである。

　以上のようにインテリアのエレメントは、それ自体の場合と全体の一部の場合とでは意味が異なる時もあり、また、ID、クラフト、彫刻等各領域のものがインテリアの領域と見られることも多く、クロスオーバーして範囲も広がる時代になっている。しかし、その中においての専門性及びその領域が軸としてあってのことである。

図18　イサム ノグチ　「The Footstep」

図19　イサム ノグチ　「Model for Lever Bros.」

伝統と文化

地域性、気候風土、暮し方

　今日あるすべてのものは、人間が生きてゆくための生活構成要素であり、その源は古く、形、機能、手段、方法を変え、派生し今日に至っている。それが伝統であり、また、生活環境を物、心、両面において発展させ、形成したものを文化及び文明という。衣食住すべてが関わっているが、とりわけインテリアと直接関連する要素は空間と道具である。それは世界各地に存在するが、地域、気候風土、及び暮らし方によって異なり、今日における新しい生活空間づくりの研究材料にもなっている。

　住居の原点は洞窟にあり、自然の構築物をそのまま利用している。その発展形は今日まで連綿と続き、現存する。トルコのカッパドキアは4世紀頃キリスト教徒がイスラムの迫害を逃れ、横穴を掘り住居とした。やがて集落を形成し、穀物倉、集会所、礼拝堂などを設け、内部は列柱があり、装飾も施され、立派なインテリア空間になっている。それはその地域特有の掘り易い凝灰岩があったということ、また逃れるための必然性があり、雨風、気候、外敵等に対して有効という裏付けから成り立っている。さらに洞窟周辺に人工的に手を加え、積石造りの建物を建てている。岩と一体化されており、自然と人工が融合した環境となっている。

　中国の黄河流域の黄土高原に地下住居である窰洞（ヤオトン）がある。平地に大きく四角い穴を掘り、中庭とし、その壁に横穴を掘り住居空間にしている。これも地域、気候風土、機能が形をつくっている。地下に掘ることにより、激しい土埃を避け、また、外敵にも解り難く、夏涼しく、冬暖かいという利点を地域性を利用してつくりあげている。そもそも木、石の少ないことも発生の理由の一つである。今日においても住居として存在し、その内部空間は一般住居と変わらない仕上がりになっているものもある。このような大地を利用し、今日迄も使用されている住居は、永い歴史の中で自然との闘いもあったはずである。土の質を十分理解することから始まり、果たして構造体として耐えうるか、経年変化があるか、また雨量が少ないかなど克服すべき点が多々あり、偶然だけでは成り立たないものである。そこに伝統の強さと不変性が存在し、現代のデザイン作業において着目されるべき要素がある。

　北欧に多くみられる芝土屋根の家も地域性とその自然を巧みに利用し、住居、集落、環境をつくりあげている。厳寒の地域であり、それに耐えうるつくりにするために必然性から生まれた方法である。今日、本体は地元の樺材を横に組む校倉造りで、屋根は架構した木の上に樺の皮を敷き、その上に芝土をのせ、草は自然と生えてくる。断熱効果があり、夏涼しく、冬暖かい。屋根に家畜をのせ草を食べさせることもある。すべてが自然に逆らわず、循環型の環境にして生活を営んでいる。室内空間は無駄のない機能的な、狭い空間にしている。最も大事にしているものは火であり、暖房と煮炊を兼ねている。ベッドは一台で家族が一緒になり寝ることにより、暖かく、スペースの有効利用にもつながる。

　このようなシステムの成り立ちは今日地球全体のあり方が見直され、求められている内容と一致する。屋上利用などはその一例であり、自然のエネルギーの再考が建築、インテリアのデザイン要素に含まれる時代である。

　西洋と日本とは基本的には大陸と島という違いが考え

図20　二殿台遺跡　古墳時代復原住居外観

方を変えている。日本は異民族の侵入に対する構えは住居においては無縁といってよい。気候風土に関しても温帯で暮し易い。そのような背景の中で湿度が高く、四季がはっきりしていること、それと特異な感性で独自の伝統を築いたことによって、住空間環境をつくりあげてきた。縄文期の竪穴住居、弥生期、古墳期の高床住居を経て、日本固有の神社建築になり、大社造、神明造などへ発展していった。日本の気候風土に高床式がふさわしく、定着したのは伝統再考のくり返しによる。やがて飛鳥、奈良時代になり、国家形成が安定し、身分も制度され、特に貴族の生活が明確化され、それに基づく住居が神殿造として確立した。道具類も中国からの影響はあるが、固有化してきたのも平安時代の頃と思われる。屏障具である御帳台、壁代、御簾などがあり、貴族の生活が窺われる。それは現代のインテリア用品に発展している。室町時代になり、貴族から武家が中心となると共に、寝殿造も簡略化し、書院造となっていった。慈照寺に東求堂同仁斎と呼ばれる四畳半の小座敷があり、角柱、違棚、付書院を有し、現代の和風住宅の源といわれており、簡素美と雅の構成美が確立したといえる。現代の建築、インテリア、家具においても日本の伝統美を大事にしつつ今日の生活に溶け込ませている。伝統と文化を学ぶことにより、新しい試みへの誘発と発展を招く。

図21　東求堂同仁斎内部　慈照寺

図22　旧北村家住宅内部

図23　吉村設計事務所

社会の変遷とインテリア

技術、素材、時代性

　1760年代のイギリスにおける産業革命は多くの発明があり、それがきっかけで新技術、新素材が生まれた。その後現代に至るまであらゆる分野に発展を遂げてきた。エポックメーキングな出来事があった時には、その産物として工業社会に寄与するものがある。つまり生産性のよい、耐久性のある、コストの安いというような要素をとり入れた新しいデザインができるよいチャンスであるといえる。多くの巨匠達もこれまで、そのような時期に積極的に挑戦し実績を残してきた。

　すべてにおいて大きな出来事がきっかけという訳ではないが、社会に対する問題意識と理想を具現化したい気持ちが新しいものを生みだす要因にもなっている。

　1889年パリの万国博覧会において、フランス人技師エッフェルの設計で近代鉄骨建築の発展の足掛かりとなったエッフェル塔が建てられた。万国博覧会は新しい技術、形、機能のアピールの場であり、競い合いの場でもある。同時期に、オーストリアのミヒャエル・トーネットにより曲木が発明され、椅子として製品化された。それまでの椅子の加工技術は、切る、削るの非生産的な方法であったが、木（ブナ材）に水分を与え熱を加えることにより、可塑性を大きくさせ、鉄板の型に入れ、曲げる成型方法を実現させた。画期的方法であり、特許も取得し、大量生産につながった。今日迄100年以上も同じ工法で生産され続けている。

　1919年、ドイツのワイマールに創設された国立造形学校であるバウハウスは"芸術と産業の統合"を教育理念として優秀なアーティスト、建築家、デザイナーである教員を配し、新しいデザイン教育を試みた。

　1933年にナチスの迫害をうけ解散したが、教育のみならず、デザイン運動としての功績が現代モダンデザインの源流となったといわれている。教員の一人であるマルセル・ブロイヤーは、世界で初めて金属パイプによる椅子をデザインし製作した。そのヒントになったのが、自転車であったといわれている。家具産業は、その他の工業製品業界に比べて、技術面において遅れていて、理想の形にするには異業種を参考にすることがあった。その着眼点もデザインの視点の一つである。

　1942年チャールズ・イームズは負傷兵のためのギブスに代わる添木をデザインした。素材及び加工技術は、成

図24　チャールズ・イームズ　「DCW」

図25　アルヴァ・アアルト　「パイオミ」

型合板による3次曲面製品で、これを足掛かりにDCWという世界で初めての本格的3次曲面による椅子をデザインし、ハーマンミラー社から発売された。この場合も、時代的きっかけがあった。それは第二次世界大戦であり、軍需産業は、研究の成果を短期間に求められ、実験し、生産が急がれた。結果として今までにない新素材、新技術による製品が生まれる。添木もその一例であり、そこからの新しいジャンルとデザインへの応用が重要である。

それより約10年前、1931年にフィンランドの建築家アルバー・アアルトが2次曲面の成型合板による椅子をデザインし、製作されている。その背景には量産という目的があった。アアルトの場合、建築設計する際、家具も自らのデザインによるもので設置されている。大きな建物である故、家具も多くなる。そこに量産という発想が生まれ、同時に新しい素材と工法が開発される。成型合板の特徴は形の上では曲面ができることで構造上では、削りだしによる一般的な木製椅子より強度があることである。金属フレームの椅子と似た曲げ構造ができ、補強材が少なくてすむ工法である。

建築においても1930年～50年を中心にアメリカの発明家であり思想家であり建築家であるリチャード・バックミンスター・フラーは多くの発明的構造体とデザインを発表してきたが、中でもジオデシック・ドームという軽量ドームは有名であり、戦後の経済活性化を目的とした社会情勢のもとで新構造、新素材、ローコスト、量産可能を具現化した。

このようなエポックを背景に、次々と新しい素材、技術、加工が生みだされた。戦後は全世界的に経済復興を遂げ、多くの新素材が出現し、建築を含め、あらゆる分野で利用されてきたが、その発達が過度になり、地球環境を壊し始めてきている。今日では環境保全のために素材、加工技術についての見直しが全世界で行われている。インテリアの領域においても建材、プロダクト製品は、リサイクル可能な素材に変え、生産されるようになっている。また、住環境において有害を導かないエコ素材といわれる自然素材が復活し始めている。

今日はIT社会であると同時に、エポックメーキングな時期でもあり、今後は素材、技術に関しても新しい発見が多く生まれると思われる。

図26　リチャード・バックミンスター・フラー
「ジオデシック・ドーム（モントリオール万国博覧会アメリカ館）」
左：外観　右：内観

ライフスタイルとインテリア

衣食住

　インテリアを探る上で最も重要な要素の一つが衣食住であり、生活である。衣、食、住、それぞれ異なるがすべて関連している。生活をデザインすることは衣食住をデザインすることであり、またインテリアをデザインすることでもある。そもそもの始まりは人間の祖先が、洞窟を住の場とし、採ってきた動物の毛皮を衣とし、その肉を食としていたことである。自給自足による違和感のない環境づくりをしている。縄文人の竪穴住居の生活、民家の生活も同じで、衣、食、住が融合し、素晴らしいインテリア環境をつくっていた。

　各地域による独自の生産品でつくりあげたものは自然を利用し、違和感のない生活及びインテリア空間をつくり、デザインという観点でみても衣食住の最高の場になっている。視点を広げ、世界各地域をみても昔も今もそれぞれ根本は変わっていない。しかし、地域差による気候、風土と国民性からくる生活及び空間の違いがあり、それがデザインという対象に連繋している。

　同じアジアにあっても日本、中国、韓国は衣食住それぞれ特色がある。食をみても明らかな違いがある。日本食を代表する懐石料理の食材は山海のものが中心で、油を使わず、繊細な味と、器との調和による日本独特の美を表現している。そして、住は木を中心とした自然素材による水平、垂直の直線で構成され、料理と融合している。また、衣は簡素美のものが似合う。中国料理の多くは油と火を使って炒め、煮るもので、食材はありとあらゆるものを利用する。空間は装飾の濃い曲線を用い、料理とのバランスを感じとれる。根底には思想が合理精神に基づいている。そこには、日本との比較において、繊細さ、精緻さに違いがあると思われる。韓国料理は活力の源としてのニュアンスがあり、食材は肉が中心で中国ほど豊富ではない。食器は金属が多く、荒々しく、空間は相応の素朴さでまとまっている。衣については、今日の服装は洋服で共通されているが、国民衣服は異なり、それぞれ、食、住と相まって独自のインテリア環境をつくりあげている。広義に解釈すれば、古くは洞窟環境、縄文環境と同一線上にあり、地域の環境と知恵と時間が生んだ揺るぎないものである。同じアジアにおいても日本、中国、韓国は国民性も異なり、島国、大陸、陸つづきという要素も独自の表現に対し、大いに影響を与えている。

　デザインすることは、衣、食、住それぞれの楽しみ、喜びを感じとり、分析して形にすることであり、また、

図27　ハーマンミラー社ゲストハウス

場をつくることである。特に食の楽しみ方を分析することは、住宅においても、商業空間においても様々なスタイル、パターンがあり、シーンの抽出、アイデアの抽出のトレーニングに向いている。空間ばかりでなく、プロダクトとしてのダイニングチェア、テーブルも生活スタイルによって異なり、デザインの領域も広い。フォーマルなスタイル、スタンダードなスタイル等機能に合わせたデザイン、また意匠、素材にこだわりをもったデザインなど、デザインの抽出とアプローチの方法は、目的と分析に基づく。

衣についても同様で、着ること楽しさを感じとり、さらにそれを収納する、整理することへ連繋し、衣料収納デザインへと発展する。それは、住宅、公共空間、商業空間の空間構成に大いに関わってくる。

住は最も直接関係のある要素であり、住み手、または使用者のライフスタイルの理解が重要である。デザイナー、設計者は施主（クライアント）と十分な話し合いをし、相互の信頼に基づき成立する。ライフスタイルを知ることが設計条件であり、それに即してプランをたててゆく。その際に、衣、食、各要素とライフスタイルがどのように結びついているかを判断し、プランの減り張りをつける。時代とともに衣食住のスタイルも変化して、伝統、植民地、戦争、情報化、価値観、これらは元来の伝統が保持されつつも、変えてゆく要素となっている。異文化の流入は様々なエポックと出来事等によりなされ、大きな影響を与え、また受けてきた。今日は情報においては全世界ボーダレスになりつつあり、それは良いも悪いもあり、前者においては地球は一つという意味合いで、後者においては国柄、地域柄といったものが薄れてゆくことである。インテリア空間のデザインにおいても情報をもとに欧、米、アジア各地のテイストを入手し、デザインに取り入れている。海外の情報が多くなればなるほど、日本古来の美というものを再認識する機会となる。

図28　イームズハウス

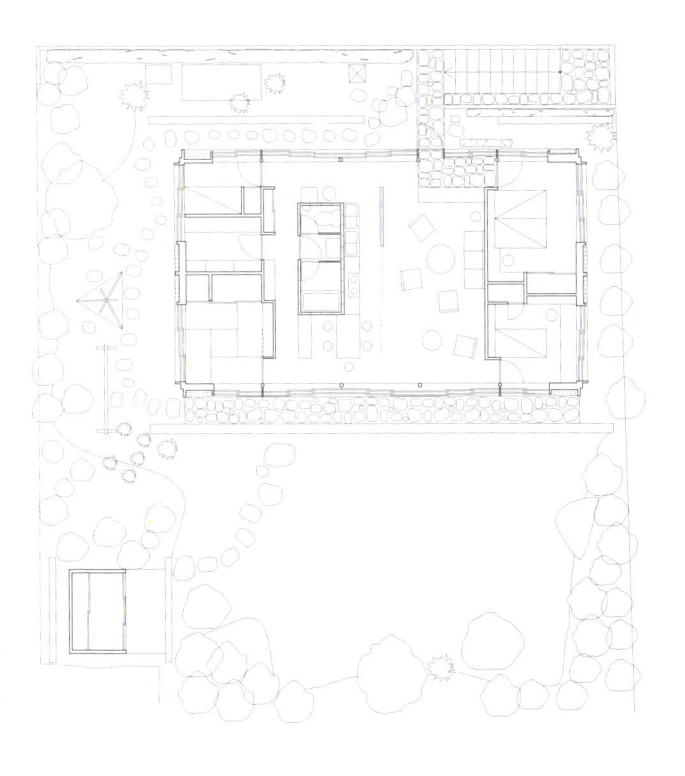

図29　増沢　洵　「コアのあるH氏のすまい」

時代性

　時代の変遷と共に社会状況が変わり、生活スタイルも変化する。それは様々な出来事に起因することが多く、古くは世界各地での侵略戦争のくり返しや、貿易による異文化の流入、流出が、思想、形、生活様式に影響を与え渾然とさせ、変化をもたらせてきた。日本においては明治維新前の封建社会と後の近代社会とでは西洋文化の積極的取り入れによって、生活様式が大きく変化している。

　建築も明治期に来日した英国のジョサイア・コンドルによる影響は大きく、西欧の建築材料、技術、様式を用いて幾多の建築物が建てられた。しかし、石、レンガの組織造はこれまでになく、時間がかかった。赤坂離宮は影響をうけた一人である片山東熊の設計により明治期に建てられ、その他多くの西洋建築が出現し、インテリア空間も当然西洋式で、フォーマルな椅子の生活が営まれた。ただし、この頃は華族等特別な社会的身分の人達が対象であり、一般的国民の生活空間は封建社会の名残りがあるものであった。しかしながら序々に「和」から「和・洋折衷」の色が濃くなり、新しい時代の到来がはっきりしてきた。当時は今日のように情報メディアに麻痺されることがなく、一本化された情報であるがために挙国一致的な動きであったと思われる。

　現代においても1941年の第二次世界大戦を契機に、国民の生活スタイルが一変した。戦前は、伝統的日本の習慣に根づいた生活様式が残っていたが、敗戦と同時に、アメリカ主導による新しい国づくりが強いられた。当然アメリカの文化が一気に流入し、右往左往の時期が続いたが、現代の生活の先端をゆく道具、モノ、住空間、環境がデザインという言葉と一体になり、また新鮮にも映り、それほどの抵抗もなく、従来の生活に溶け込んでいった。そこに新たな日本とアメリカの混在した暮らし方が生じ、経済再建のために住宅都市整備公団が設けられて、椅子座スタイルを取り入れた洋風アパートメントができた。一般国民の洋風化の始まりともいえる時代である。

　その後経済復興は目覚ましく、高度成長を遂げ、それに伴い、建設、家具業界の市場も拡大し、また広告、アパレル産業も活発化してデザイン、意匠が問われ、要求されるようになった。インテリアという言葉はこの頃は室内設計、装飾といわれ、豊口克平、剣持勇、渡辺力といったデザイナーがインテリア業界の発展に尽力した。やがて確立して、その領域も拡がっていった。万博の会場構成や旅客機のインテリアなどがある。

　1960年代は建設ラッシュ期にさしかかり、新しいオフィスとしてそのオフィスビルも林立し、新しいシステムのオフィスとしてそのインテリアデザインと新機能の家具が普及し始めた時期でもあり、アメリカのハーマンミラー社のアクションオフィスというシステムファニチャーもこの頃製品化され、チャールズ・イームズのチェアと共に日本のインテリア業界に影響を与えた。この頃がインテリアデザインを開花させた時期といえ、建築家も家具、インテリアに一層目を向けるようになり、家庭、オフィスの空間デザインに新規性を表現するようになった。茶の間という空間からダイニング、リビングに移行し、椅子による食事が中心になった。またリビングとダ

図30　ハーマンミラー社　アクションオフィス（写真 左右共）

イニングを同じ部屋にしたワンルーム指向も普及し始めてきた。オフィスにおいても能率アップを目指した事務用金属家具が開発され始め、海外からもデザインの優れたインテリア用品が多く輸入され、華やかさを呈してきた。世界規模の経済成長期と連動し、デザイン、開発も蕾がはじけるように各国で咲き誇った。

特にイタリアのデザインは新しい発想、素材、技術により、造形、機能で全世界から注目を浴びた。

1980年代、1990年代前半までは1970年代の延長線上にあり、デザインの熟成期といえよう。イタリアのエットーレ・ソットサスが中心となり、ポストモダンと称した新しい造形、デザインの試みを提唱した。そのネットワークメンバーの一人が日本の倉俣史朗であり、その作品群は常に新鮮な発想でデザイン業界を刺激してきた。特に日本におけるモダンデザインの源流を築いたといってよいだろう。現在でもその新鮮さは失われていない。空間系においては主に店舗設計にその才が顕著に表れ、またエレメント系においても魅力溢れるデザインを残している。日本人ならではの直線の扱い方で倉俣スタイルをつくりあげ、インテリアデザインを確固たるものに導いている。同時期にフランスのフィリップ・スタルクが現れ、これまでにないデザインスタイルでその多才ぶりを発揮し、デザインの面白さ、楽しさを提供し、消費者もまたそのデザインを楽しんでいる。これはライフスタイルに一石を投じ、変化と潤いを与えているといえよう。

その後1990年代後半に入り、円高景気、バブル景気といわれたものが崩壊し、一転して構造不況となり、そのしわよせは長引き、社会と生活に変化を来たし、逼迫状態に追い込んできた。ライフスタイルも華やかさが消え、つましさが目立つ生活になって、デザインも連動して堅実指向になっている。ミニマリズムの流行は直接関係はないが、その簡素美が時代を反映しているようにも窺われる。

IT時代に入り、世界が一変した。それは、18世紀の産業革命以来の変革であり、生活様式も前代未聞の未踏の世界に入り、舵取りの仕方によっては、地球規模の見直しが試され、よき時代が到来するかもしれない。

図31　倉俣 史朗　「Miss Blanche」　撮影：藤塚光政

図32　フィリップ・スタルク　「STARCK for SEVEN-ELEVEN」

アイデアの抽出と展開

■ 視野を広くもつ

　デザイン作業において最も重要なことは、アイデアの抽出と展開である。いかにテーマに対して対応力をもつかは、アイデアの抽出力と大いに関係しているということである。

　造形に関しては「美」と感じる巾の広さを身につけることが重要である。人間の体に代表される有機的な形、幾何学パターンに代表される無機的な形、左右対称、非対称、直線、曲線、…比較対象するものは多くあるけれど、いずれも美の一つであり、それぞれ性格を有し、造形、デザインとはどれを選ぶかである。選ぶものを多くもつことは、教育上のトレーニングとしては、視野を広くもつことから始まる。ものごとに興味をもつこと、多くの異なる良い作品を見ることを心がけ自身のインデックス（索引）をもつことが大切である。その際に選んだモノ達の要求と性格を自分なりの解釈をもって造形形成要素として役立たせることである。

　モノをつくる、デザインする、その基本姿勢は独自の形をつくり、表現することにある。しかし、多くの巨匠達もいろいろと工夫し、独自のものにしている。自然界に、異文化にそれぞれに興味をもち、時としては収集し、クリエーターとしての環境づくりをしている。つまり、先に述べたインデックスのモノ達を周囲に配置し、発想を豊かにすることが大切であり、それを生み出すための環境づくりをするとよいということである。

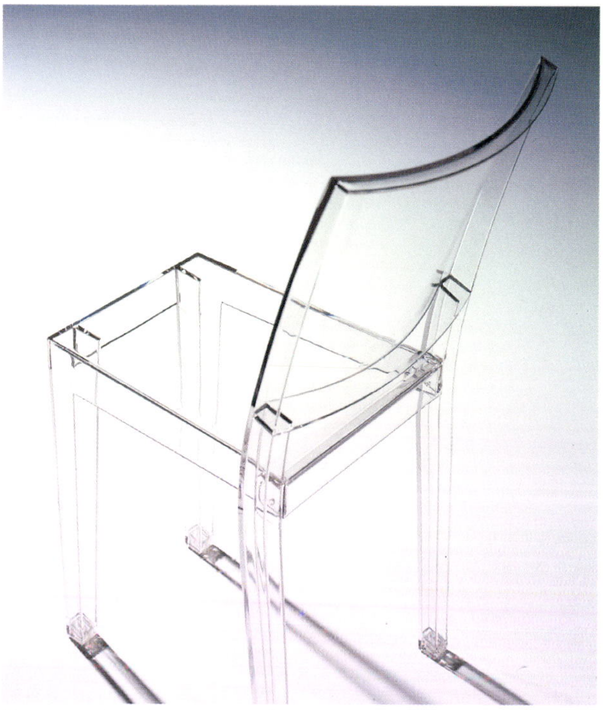

　デザインするということは哲学的表現をすることであり、また"社会における諸問題を解決すること"といってよいと思う。また"必要は発明の母"ということわざがあり、これも広義に解釈すると、デザインと相通ずるもので、デザインの出発点である。そのあたりが少々ファインアートと異にする部分であるが、厳密に境界線を引くことは難しいところでもある。

　社会の諸問題を解決するには現状がどのような状況にあるかを詳細にわたり調べることが重要であり、マーケティングリサーチとかサーベイという行為がデザイン作業の前段として行われなければならない。いわゆる、情報収集である。膨大な量であればあるほど解決の糸口が見つかるが、その情報の分析の仕方が鍵である。

　収集したものをどのように区分けし、一つ一つの解析をもって、目的に向かい、いかに導いていくかが重要な部分である。デザインはこの部分が明解になると形、スタイリングに入り易い。そのように一つのモノ、インテリア空間をデザインする場合、あらゆる角度に目を向ける、つまり視点の巾を広げることにより、デザインソースを探すことができる。

　フィリップ・スタルクのデザインで有名になったレモン搾り器は、インテリアのエレメントとしてシナリオのあるユニークなフォルムをもって、オブジェ的要素が極めて強いものとなっているが、機能的にも大変理にかなっている。半球状にしたレモンの押しつける部分、汁の流れ道、操作する際の安定性など、よく考えられている。デザインすることの面白さを見せてくれる製品である。これも、アイデアの抽出の際に、既製の視野に捉われることなく、新しい視点による発想と思われる。

　デザインの手法としては、複雑ではなく、むしろシンプルでプリミティブな手法といえる。それも、物理的な面の十分な考察、分析がしっかりなされているということである。

図33　フィリップ・スタルク　「LA MARIE」

図34　フィリップ・スタルク　「Juicy Salif」

写真提供：
図1／大成建設株式会社
図2・27・30／ハーマンミラージャパン株式会社
図10／株式会社INAX 『INAX REPORT No.131 August 1997』から
図11・12・23・26／新建築写真部
図17・24・25／武蔵野美術大学 美術資料図書館
図20／（財）横浜市ふるさと歴史財団
図21／慈照寺（銀閣寺）
図22／川崎市立日本民家園
図28／アプト インターナシェナル
図29／図面制作：ファクトリーウォーター、協力：TOTO
図32／株式会社AXIS
図33・34／（株）カッシーナ・インターデコール ジャパン
写真
図3：Photo by: ©Daydre Phillips / Art allowance from Miller Hall construction funds. Western Washington University,WA. / Published with the permission of the Isamu Noguchi Foundation, Inc.
図4：Published with the permission of the Isamu Noguchi Foundation, Inc.
図6：Photo by: ©Chuji Hirayama / Published with the permission of the Isamu Noguchi Foundation, Inc.
図15：Photo by: ©Hedrich-Blessing / Published with the permission of the Isamu Noguchi Foundation, Inc.
図16：Photo by: ©Kevin Noble / Published with the permission of the Isamu Noguchi Foundation, Inc.
図18：Photo by: ©Kevin Noble / Published with the permission of the Isamu Noguchi Foundation, Inc.
図19：Published with the permission of the Isamu Noguchi Foundation, Inc.
図28: ©2001 EAMES OFFICE (www.eamesoffice.com)

第2章　空間としてのインテリア

空間とは

　空間とは何か？　と問われたら何を思い描くだろうか？　ある人は銀河系はるかかなたの宇宙空間を思うかもしれないし、ある人は抽象的なユークリッド幾何空間を思うかもしれない。しかし立場は違えど、我々の普段の生活は何かしらの物理的空間のなかで、行われているということに異議はないだろう。何も意識しないときにも空間は存在する。しかしある意識下においてその空間を見つめたとき、それは明らかに単に物理的な空間とは異質なものである。では、特にデザインという立場にたって日常の空間を考えたとき、いかにして空間というものは認識されるのだろうか。

▍意識された空間＝"場"について

　図1は日本の神道における神籬と呼ばれる聖なる領域である。こうして4隅に柱を立て簡単なロープをはるだけで、そこに囲われた空間はひとつの領域性が認知される。図2の石畳の中央におかれている石は"留め石"と呼ばれるものである。これはお茶の席の庭などで使われる一種の通行止めのサインである。これがおかれていることでそこから先は別の領域だという暗黙の了解となっている。このように、曖昧でありながら、なんらかの領域性を感じさせる空間領域を"場"と呼んでみる。路地におかれた縁台の周りを"場"と感じることもあるだろうし、ひとつの街が"場"として成立することもある。いわば、"場"とは物理的な空間に人間の精神的なイメージが重なって成立するものといえるだろう。

▍限定された空間＝"かたち"について

　図3はゴシック建築の教会堂の内部空間である。先程の例とは反対に空間は堅く厚い石の壁によって限定さ

図1　神籬

図2　留め石：止観亭　宋徧流家元邸（鎌倉市）　撮影：藤森武

れ、ステンドグラスの高窓が天空から光を注ぎ込んでいる。そこには天に向かって上昇する空間の演出が読み取れる。こうして力強く物理的にかたちとして限定された空間にあっては、たとえキリスト教に馴染みのないものであっても、そこをひとつの空間として認識することは容易であろう。人はまず"かたち"に眼をむける。しかし、同時に"かたち"によって切り取られる空間そのものを体験しているといえるのである。

何もない空間="出来事"について

さらに、本来意図的につくられていない場所でも、空間の意識がめばえるときがある。例えば、突然のストリートパフォーマンス（図4）や賑わいのあるバザール。人垣ができて、観客も含めて一種の連帯感が生まれる。また家族の日常の暮らし、気の合う仲間との団欒。そこでは空間の質というよりも、行為そのものが"場"をつくりだしているといえるだろう。

空間="場"づくりの操作

デザインにかかわるものはこうした"場"づくりをめざすものともいうことができる。そして、こうした様々な物理的、精神的な障害物を操作して空間を築くことを目的とするのである。そうしたなかに、デザイナー独自の手法があり、そうした操作の結果、人々に新鮮な感動を与える空間づくりができるのである。

図3　カテドラル（バルセロナ）　　図4　パフォーマンス　ポンピドーセンター（パリ）

歴史から学ぶ

　人間は空間とどのようにしてかかわってきたのだろうか？　原始時代にはまず自然や動物などの攻撃から身を守るために空間を意識したことだろう。最も単純で効果的なのは岩のくぼみや洞窟に身をよせることだったかもしれない。いわば岩や自然の土によって物理的に規定された空間である。やがて、平坦な地面を掘り下げ、その上に簡単な屋根をかけたような竪穴式の住居空間が生まれる。こうして限定された内部の空間に炉の遺跡が見つけられたり、洞窟の壁に壁画が描かれたりもしている。いわばインテリアデザインの発祥である。

　一般に、時間というものを考えたときふたつの性格があるといわれている。ひとつは"今生きているこの瞬間"について考えることである。愛を語り合う二人がいる同じこの瞬間に他の場所では戦争で人が殺されているかもしれないのだ。一方、歴史は一般に過去、現在、未来としての時間のなかで語られる。歴史で大切なことは因果関係を学ぶことである。何かの出来事が起こるためには必ずその原因があり、その結果としての出来事が起こっているのである。建築や空間のかたちの歴史もそういう因果関係からできてきたはずである。"敵から身を守る"、"簡単に移動できる"、"自然の中に隠れる"など様々な理由が独特のかたちを生んでいる。歴史は様々なことを教えてくれる。

■ エジプトの建築

　現代のような機械による技術のない時代に大きな石を使って、ピラミッドのような大型構築物をつくり上げた組織力と技術は特筆すべきものがある。現代に残るエジプト建築の多くは、墓や神殿で、神々への強い信仰の表れが偉大な事業をなしとげたといえる。一方住宅などについては、日干しレンガによる構造が多く、現代に残されているものはあまり多くはない（図5）。

■ メソポタミアの建築

　ジグラッドという階段状の神殿が特徴的である。石材に乏しい地域で、日干しレンガによる構造が多いが、レンガやタイルなどの壁装飾材も使われ始めた。

■ ギリシャの建築

　ギリシャ建築は神殿に代表される石造の室を中央に配置し、周囲に柱と梁で列柱を回している。この柱と梁の構成には一定のルールが設けられ、それをオーダーと呼んでいる。最も古典的なものはドリス式で、その後、洗

図5　ピラミッド（エジプト）

図6　コロッセウム（ローマ）

練されたイオニア式、さらに装飾されたコリント式の3つの様式がある。いずれも美的な比例配分がもとになっている。

ローマの建築

　ローマ建築の特徴は住宅、浴場、劇場、水道橋など現代でいう公共建築に力が注がれた点であろう。大浴場は床下に熱気を通し、壁にも中空ブロックで熱を通したりと、すでに建築設備にも配慮がなされている。紀元80年頃建造されたコロッセウムは約4万5千人を収容できる円形劇場（闘技場）で、外壁の第1層にはドリス式の、第2層にはイオニア式、第3層にコリント式の装飾が施されている（図6）。

中世の建築

　中世の建築はキリスト教やイスラム教という宗教をぬきに考えることはできない。ドームやアーチなど様々な建築技術は宗教や地域によって多様な発展をとげていく。キリスト教ではゴシック建築と呼ばれる様式で中世建築の完成を見ることができる。尖りアーチやリブボールト、フライングバットレスなど、ゴシック建築の特徴あるかたちは、培われてきた構造的な経験が形に昇華されたものといえる。石造がもっぱら使われるが、古代のそれと比べると装飾的にも小さいものが配慮されて使われるようになった。

近世の建築

　中世の封建制と教会の世界から人間復興を試みたのがルネサンスという大きな流れである。建築としては15世紀の始めにフィレンツェで起こったものといわれている。建築空間が芸術的なものとして理解されるようになり、建築家という職能が認められ始めたのもこの頃からといえるであろう。

近代建築

　産業革命（18世紀中頃）による工業化の波は建築空間へも新たなものを要求した。鉄骨造による大空間がつくられ始め、19世紀末には電動機を利用したエレベーターも制作され高層化もすすめられた。一方こうした流れとともに手仕事の美しさを花や虫などのモチーフを用い、流れるような曲線を多用して表したアールヌーボーという様式も展開された（図7）。20世紀になるとバウハウス（図8）を中心に材料の合理的な利用、構造を芸術表現として高めるなどの機能主義的な動きが起こってきた。こ

図7　ヒルハウス（イギリス）マッキントッシュ（Charles Rennie Mackintosh）

図8　バウハウス校舎（ドイツ）グロピウス（Walter Adolf Gropius）

うした動きは世界や民族の壁を超えて国際的な共通様式として定着していった。そのなかで忘れてならないのは鉄筋コンクリートや鉄骨造などの工法が充実していったことで、そうした思想や工法を用いながらコルビジェやライト、ミースなどが近代建築の巨匠として独自の活躍をしていったのである。

日本古代の建築

縄文時代のはじめからの竪穴式の住居が日本の古代の住まいの原形であった。もとは地面に掘った穴が床となっていたが、その後、高床の形式も用いられ、居住性が向上している。6世紀中頃の仏教の伝来とともに百済から建築技術が伝来し、寺の建設が行われた。法隆寺は、今に残るその時代の代表的木造建築であり、世界遺産にも指定されている。

日本中世の建築

寺や神社を中心とした技術や、意匠が充実し（図9）、建築様式の上でも細い部材で均整のとれたかたちがつくられるようになってきた。時代は公家から武家の社会へと移り、行事や儀式を中心とした世界から、武家の実利的な生活へとかわり、襖や障子、床等、近世の住まいの原形もかたちづくられてきた。

日本近世の建築

近世になると、いままで仏教中心であった建築は、城や住宅などに重きがおかれるようになった。また、茶道の発達とともに茶室建築が盛んとなり、三畳、四畳半といった狭小な空間を精神的な空間まで高め、やがて床柱や天井等に趣をこらした数寄屋という日本独自の文化にもつながっていった。こうした日本独自の建築文化は幕末から明治維新をへて、西洋の建築文化、技術との接点をもち、現代へ至ってゆくのである。

ここでは建築史の全般について述べるものではないが、日々見られるいくつかのかたちの原形も見いだすことができる。こうした歴史の因果関係は現代のインテリアデザインというものの源流をを考える上でもヒントになるはずである。

図9　神魂神社（島根県松江市）

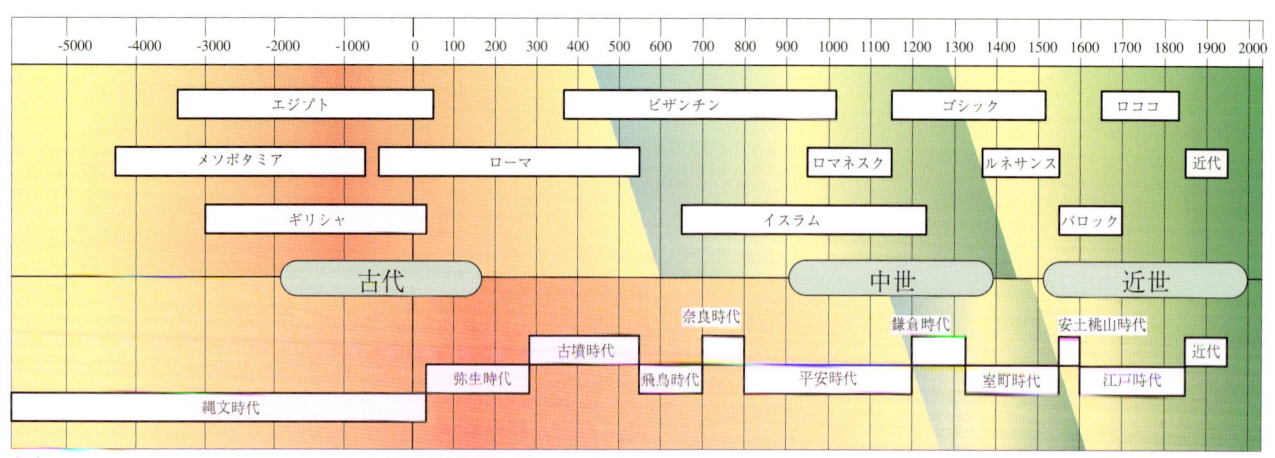

年表

生活とのかかわり

暑さ、寒さの気候条件、宗教的な習慣、日常の作業内容等によって様々な生活習慣の違いが生まれてくる。それは地域毎の違いとして表れたり、あるいは時間をへて違いが生まれていったりもする。本来そうした生活習慣の違いは大きなものであり、空間のかたちの違いへと直接つながっていったのである。それが、現代では飛行機をはじめ、交通が便利になり、携帯電話に代表されるように、離れた地域との情報交流も一瞬である。設備的な技術も成長し、暑さ、寒さの気候条件の制御も難しいことではない。そうしたなかでの生活習慣は本来のものとは大きく異なってきた。生活とかたちとのつながりはかつてのように必然的なものではなくなってきたのである。むしろ、かたちが一人歩きを始めたともいえるだろう。しかし、そうした時代だからこそデザインにかかわる者としては常に、その本来の意味や意義を忘れない姿勢が大切なのである。

自然と生活

同じ日本の木造家屋でも関西の瓦屋根は台風や風に対して屋根が吹き上がらないように土で重く押さえ、地震の多い関東の建物の屋根は軽く葺かれている。穀物を入れておく倉などは湿気を避けるように高床にされ、ネズミの侵入を防ぐようにネズミ返しがつけられたりしている。建物の周りの防風林や防砂林なども自然に対する生活の知恵なのである。このように、どういう自然風土のなかで生活してゆくかということの生活の知恵として住まいのかたちが決められてきたともいえる。建築に使われる材料も現代のように鉄骨や鉄筋コンクリートが一般的に使われるようになるまでは、それぞれの地域、例えば、日本では豊富に手に入りやすく、加工しやすい木材や紙が主体であったが、ヨーロッパのようにそれが石に替わる地域もあるし、日干しレンガが使われる地域もある。図10は富山県五箇山の合掌づくりの民家である。急

図10　合掌づくり（五箇山、相倉合掌集落）

勾配の屋根は深い雪の重みに耐えるようにできている。さらに屋根に残った雪は断熱材としての役割を果たし、大屋根の内部にできた屋根裏は蚕が飼われるスペースとして利用されている。

社会と生活

　農耕文化の社会、牧畜に従事する社会など、もともと生活の基盤となった社会の影響もかたちになって表れる。ゲルと呼ばれるモンゴルの遊牧民の住まいは簡単につくったり、壊したりすることができる。また、強い寒さに服を重ね着するようにゲルの回りに毛皮を重ね着してゆく（図11）。こうした建物は遊牧民族である社会そのもののあり方が基盤にあり、自然に正直な建物のあり方がむしろ現在では見直され始めている。また社会のあり方はしばしば、集団の最小単位である家族の形態にも影響を与えている。日本でも地方の大家族制と大都市の核家族の住まい方には大きな違いがあり、その違いも空間のかたちとなって表れている。

文化と生活

　こうした生活の形態やそれにともなう習慣が文化の違いとなって表れる。例えば、日本人は長く床に座ること（床座）で生活してきた民族である。これは単に座るという行為を超えて、冠婚葬祭での儀式に始まり、ひとつの文化の様式にまで昇華している。日本建築のもつ床の間という空間も決して高い位置からの視線で見るものではなく、座った眼の高さではじめてその意味がわかるものである。また、座敷の畳から、縁側をへて庭園へとつながる視線の連続も床座の視線である（図12）。一方、西洋は椅子座の世界である。仰ぎ見る天を意識したゴシック建築との違いは大きなものがある。しかし、現代の文化の交じりあいはこうした差異を少なくしている。日本の家庭でも畳のない椅子座だけの生活も多くみられる。しかし、そうした、表面に表れた形式だけでなく、根底にある文化の価値観を忘れないことは新しいデザインを生み出す上でも大切な出発点となるはずである。

図11　ゲル（モンゴル）撮影：淺川敏

図12　忘筌（ぼうせん）（京都）　大徳寺　孤篷庵（こほうあん）の茶室
撮影：宮野正喜

建築とのかかわり

　雨風をしのいだり、敵から身を守るための空間をつくり出す技術の延長として建築の形式はスタートした。できるだけ、簡単な方法で、できるだけ容易に手に入る材料で、できるだけ広く、頑丈な空間を。単純な形のシェルター（覆い）にはその意図がはっきり読み取れるものも少なくない。

かたち

　図13は木の上につくられた住居である。木の枝ぶりを利用した倉庫である。通風を確保したり、ネズミや、湿地帯ではヒルから身を守ったりと簡単でありながら、合理性がある。図14・15は地中につくられた住居である。建物のかたちが外からは全く認識できず、敵から身を隠すのに適している。中心に大きな中庭があり、各部屋へはそこからつながっている。こうした広い空間と個室の関係は現代の空間の原形としても、読み取ることができる。地中に掘られた各室の壁面はしっくいできれいに仕上げられ居住性の向上とともに、土がはがれ落ちてくるのを押さえている。機能とともにインテリアが意識されているといってもよいだろう。図16・17は日本の竪穴住居の例である。地中を掘り下げ、そこに柱と梁をかけ、垂木をかけて草屋根を葺いている。空間をつくるための構造的な原形は現在とどれほどの違いもない。柱で囲われた中央には、生活の主役である炉をもっている。このように、インテリアデザインは生活のしかたそのものを直接映し出し、また建築のかたちは生活のしかたと密接な関係をもっている。つまり、生活というものを中心に、建築とインテリアデザインは表裏一体となっているということがいえるだろう。

図13　木の上の小屋（フィンランド）　撮影：島崎信

図14　地中住居（チェニジア、マトマタ） 　　図15　地中住居内部（チェニジア、マトマタ）

図16　竪穴住居
島根県松江市八雲立つ風土記の丘

図17　竪穴住居内部
島根県松江市八雲立つ風土記の丘

広さ

　生活のしかたや目的によって、必要な空間の大きさはかわってくる。同じ住宅でも核家族と呼ばれる少人数の家庭と何世代もが同居する大家族の家とでは広さに違いがあるのは当然である。しかし、住まいに必要な広さというものは一概に定量的には決められない。日本の畳の部屋は生活のシーンに応じて、襖や障子をあけはなして部屋をつなげたり、時には食事に、時には寝室にと使い回されたりしてきた。単に広さを求めるだけでなく、こうした生活の工夫も狭い空間を有効に使うために必要である。また、面積だけでなく、吹き抜け等を利用して、上下の空間を立体的に使うということも考えなければならない。

機能

　生活するためにはその目的とそれに必要な機能がある。こうした機能性と空間には密接な関係がある。住宅でいっても寝室やバスルームなどの私的な部分と居間や食堂などの家族全体で共有する空間がある。普通、こうした性格の空間は分離しておいたほうがよいとされている。私的な空間をプライベートゾーン（Private Zone）、共用空間をパブリックゾーン（Public Zone）と呼んで空間的な配置に配慮する。また、ホテルなどでは客回りのゾーンとバックサービスの部分を明確に分けながらも密接な関係を保てるように配置する。このように機能の異なる性格の空間を離したり、隣接させたりすることはゾーニング計画と呼ばれ、大切な計画手法のひとつである。特に不特定多数の人が利用する公共建築においては、明確な空間機能のゾーニングとそれをむすぶ動線計画（人の動きや荷物の動きなどの経路）には十分な配慮が必要である。かたちと広さと機能はそれぞれ密接な関係がある。インテリアデザインにおいては、建築空間の必要とするこうした条件を十分に理解し、反映させていかなければならない。

エクステリアとのかかわり

　空間としてのインテリアデザインの領域を単に、壁に囲われた空間、あるいは屋根に覆われた空間と考えてはならない。日本建築の薄暗い奥座敷から、縁側をへて、庭へと続く連続性は、どこまでがインテリアの領域でどこからがエクステリアだと分けられるものではない。コートハウスと呼ばれる西洋の住宅形式の中庭は雨が降り注ぐ外だからインテリアデザインの領域ではないといいきることもできないだろう。建築基準法で内部、外部と算定される領域と人々が生活の連続性において認識する内部、外部は明らかに異なっている。"使う側の人"の視点から出発したインテリアデザインの領域は空間の認識に応じて、時には"もの"へ、時には"そと"へと広がってゆくのである。

　囲われた中庭は領域としての内側という感覚を強く感じるが、建物周囲を巡る庭園についても特に、日本建築では外部に対する、内部の開き方に注意が払われている。その結果、部屋のなかに椅子をおく位置を吟味するように、植栽や池の造りなどに注意が払われ、開口部を通して内外一体としての空間づくりがなされている。外部と内部は直接つながらず、半外部ともいえる縁によって連続性が強められている（図18）。開口部は日本の障子のように緩やかな連続を許すもの、西洋の石造の防御的なもの、ピクチャーウィンドウといって、絵を飾るように、風景を切り取るもの等、内、外のつながりに大切な役割を果たしている。

　ヨーロッパの古い町並みは中庭を囲むように建物が連続して形成され、街区をつくり上げている。最近ではこうした古い町並みを保存しながら、中庭に軽い屋根をか

図18　桂離宮（京都）

図19　パサージュ（パリ）

けたり、建物と建物の間の路地にガラス屋根をかけたりして、アトリウムやパサージュと呼ばれる空間をつくり出すこともされている（図19）。こうした空間はもともとは雨の注ぐ外であったわけであるが、屋根をかけることで、内部としての性格が強められている。以前は外壁であったところが、レストランの内壁としてそのままよみがえることもある。こうした、アトリウムやパサージュは現代の商業建築などでは内部に外を再現するようにたびたび大規模に展開されている。

京都の町家では細長い建物が壁を接して連続している。建物の表と裏にふたつの通りがあり、その間を通り庭と呼ばれる外部空間でつないでいる。表に面しては店と呼ばれる商業のための空間が配置され、奥にゆくにしたがって、私的な空間が配置されることが多いようである。こうした空間は通り庭によってつながり、居間や台所のスペースも土間としての通り庭に面して配置されている。さらに、町屋のなかには坪庭と呼ばれる小さな庭をもった例もみられる（図20・21）。機能的には、奥行きの深い町家の形状で奥の部屋に光や風を通すためのものであるが、通り庭とともに内と外の境界のない空間の連続性としても興味深いものとなっている。

図20　京の町家　吉田家（京都）

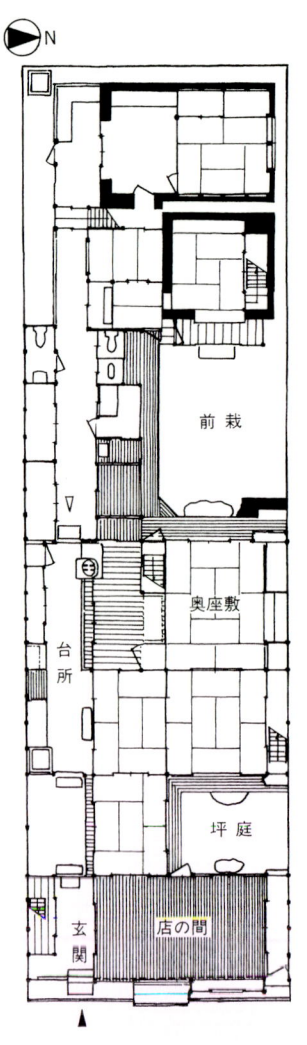

図21　京の町家　吉田家一階平面図（京都）

家具とのかかわり

　有名な"クラインの壺"という図像がある。これは、言うまでもなく人間の錯覚を利用した、図形の認識のしかたについてのトリックであるが、空間と家具の関係性として考えてみても面白い。つまり、両側の図形に着目すると向かい合った人間の顔に見え、そのとき、中央の図形は二人の間にある空間として考えることができる。そして一方、中央の図形に着目したときそれはひとつの壺に見える。そのときの両側の図形は壺を取りまく周りの空間として考えることができるだろう。空間と家具は別々のものとしてあるのでなく家具に着目しているときにも、周りに空間はあるし、空間をデザインするときにも家具の存在があるということなのである。

■ 空間構成要素としての家具

　家具には座る、収納する、寝るなど人間の生活行動に応じて、クロゼット、ベッド、椅子やテーブルなど様々な種類、かたちがある。こうした家具は機能を超えて、空間全体の構成要素としても重要である。適切に選択された優れた椅子やテーブルは使い勝手とともにその空間の雰囲気を決定づける大切な要素となる。質感、量感、色、形など家具のもつ様々な要素が空間をつくり上げていくのである。一方、機能に着目したとき、その機能は他のかたちで賄えないか、と考えることもできる。椅子は座るためのものであるが、部屋のなかでは階段や窓台など段状のものに座ることもできる。食事をするテーブルも必ずしも4本の脚と甲板をもつ家具としてのかたちがなくとも平らな平面と適当な高さがあればテーブルになる。

　図22は図書館の読書コーナーである。そこに必要とされる機能が座って本を読むことであるならば、必ずしも椅子とテーブルにこだわる必要はないだろう。座布団を敷いて大木によりかかって本を読んでもいいかもしれない。家具というモノをつくらずに、その環境をつくるといってもよいだろう。

　図23は同じ公共施設のエントランスカウンターである。そこに必要とされる機能を抽出してみると、初めての来訪者がまずそこにたどり着くためのサイン性、案内

図22　大木をもった家具：おらほーる（岩手県山形村）
ゼロ建築都市研究所+足立建築研究所
撮影：古館克明

図23　石のカウンター：おらほーる（岩手県山形村）
ゼロ建築都市研究所+足立建築研究所
撮影：古館克明

パンフレットをおく、案内用の内線電話をおく、イベントの際に案内係が着席するなどの機能があげられる。逆にいえば、コストの問題こそあれ、それ以外はなんの制約もないわけである。そこでロビーの空間性と一体となって質感、量感だけを大事に、彫刻家が腕をふるうのである。このように空間と家具の関係は、器としての空間があり、家具としての機能があるのではない。空間と家具はまさに一体として認識されるべきものなのである。

造りつけ家具

特に収納系の家具ではその機能に応じたボリュームが大切になってくる。そうした家具のもつボリュームはそのまま建築空間をかたちづくるひとつの要素ともなる。図書館で1万冊の図書を収蔵するには300メートル近い棚が必要になる（図24）。住宅のクロゼットでも冬物、夏物、礼服など個人個人の必要に応じて様々な機能とボリュームが要求される。こうした家具は時には、壁面を構成したり、部屋の中央で間仕切りの役割を果たしたりもする。このように、個々の空間の個性と機能にあわせて建築と一体につくられる家具を"造りつけ家具"と呼ぶ。

図24　図書コーナーの家具：おらほーる（岩手県山形村）
ゼロ建築都市研究所＋足立建築研究所
撮影：古館克明

照明とのかかわり

　人間は光がなくては物を見ることができない。普段、人間は昼間の太陽による光を空気と同じように無意識のなかに当たり前のものだと感じている。しかし、人間の様々な動きにはそれに適した光が必要となる。細かい作業をするためには明るい光を必要とするし、眠るためにはあかりは制御されなければならない。その光は、時には強すぎ、時には弱すぎることもある。そのための光の制御が暮らしのなかで行われてきた。よろい戸や葦簀などは光を遮り、涼風だけ通すといった工夫がかたちになったものである。深い庇や、パーゴラ、あるいは植栽によっても光はコントロールされる。気候や風土の違いでそのかたちに違いはあっても、そうした基本的な目的は共通しているのである（図25）。

■光の精神性

　一方、そういった機能的側面に加え、光のもたらす精神的効果についても忘れてはならない。人間の感情にかかわる光の取り扱いについては様々である。木と紙からできた日本建築にとって本来「光と陰」は大切なものとされてきた。谷崎潤一郎は日本建築の美について言及したといわれる『陰翳礼讃』のなかで「美は物体にあるのではなく、物体と物体との作り出す陰翳のあや、明暗にあると考える。夜光の珠も暗中に置けば光彩を放つが、白日の下に曝せば宝石の魅力を失う…」と言っている。図26は現代建築の例だが、パリのアラブ世界研究所をあげておく。アラブの伝統的文様が窓のスクリーンとしてデザインされ、それぞれはカメラの絞りのように作動し、外光を制御する。金属の現代的なディテールによる機能性をもちながら、光と陰によるアラブの精神的なイメージを感じさせている。

図25　ダルシュライト博物館中庭（チェニジア、トズール）

図26　アラブ世界研究所（パリ）　ジャン・ヌーベル（Jean Nouvel）

あかり

　さらに、人間はこうした自然の光だけでなく、夜や、自然の光の届かない所でも生活する。そのためには人工のあかりが必要となるわけである。あかりを得るために、昔は松明やろうそくにはじまり、現代では電気を利用した照明器具が一般的である。しかし、自然の光の取り扱いを単に物理的な明るさという範囲を超えて精神的な側面にまで高めていったように、空間と照明の関係を考えたとき忘れてはならないのは光そのもののあり方である。機能的な要求を満たしながら、いかに空間に光と闇を与えるか、一般に我々が日中、太陽の存在を忘れているように、照明器具そのものの存在も忘れられてよい時もある。建築の一部として壁の一部や、天井の一部に光源を隠し込む手法である。一般に建築化照明と呼ばれるが、光の色、明るさの度合いにより空間本来の陰影を演出するのである（図27）。このように空間から照明を考えるときは、単にその器具のかたちだけにとらわれてはならない。あくまでその光がどのように空間を照らすのかという、光の効果そのものをみきわめることが重要なのである。

図27　ジョンソンワックス本社（アメリカ）
フランク・ロイド・ライト（Frank Lloyd Wright）

設備とのかかわり

　エジソンが電灯を灯したのが1879年、それから約100年強のあいだに、電気に関わる技術はどれだけ急激に進歩してきただろうか。今や、電灯のない生活など考えられないであろうし、逆にその頃の人々は今日の携帯電話の時代など誰が想像しただろう。その身近になった携帯電話でさえ、もはや1年前のものはもう旧型である。コンピューターの世界に至っては先月の話がもう古い話になってゆく。メーカーは次々に性能のよい、便利なものを提供する。しかし、住むという人間の基本的生活を見直した場合、それ程敏感に時代の最先端の設備が必要とされるのかどうか、実際には、設備的に過剰になって使いこなせていないのではないだろうか。本当に必要なものなのかどうか、一時的な流行にすぎないのではないかということにもデザイナーは公平な判断を下せる必要がある。

生活と設備

　古来から、人間が生活をしていくためのそれぞれの時代や地域に応じた、快適な環境を望むのは当然のことである。特に現代のように技術が発達し、様々な文化の交流が行われるようになると、寒い地域でも暖かく暮らす、暑い地域でも涼しく暮らすといったことが必要となり、またそれが可能となってきた。そうしたことを担うのが設備機器である。空気の温度や湿度の調節（空気調和設備）、汚れた空気の入れ替え（換気設備）、水の供給や排水（給排水設備）、糞尿の処理（衛生設備）、電気の供給（電気設備）、など身近な住宅における一日の人間の生活を考えてみても、設備機器なくては生活が送れないといっても過言ではない。そうしたものがインテリアの一部として時には照明器具や洗面器のように眼に見える形となって現われたり、時には一部の配線や管のように壁のなかに埋め込まれたりして眼に見えない形となって現われてくるのである。こうした環境や要求にあった設備関係の機器を回りのインテリアと調和させながら考えてゆくことはインテリアデザインのなかの重要なことがらである。

給排水衛生設備

　インテリアデザインをめざすものにとってきれいで使いやすい水洗金具やモダンな便器を選んだりすることは当然のことだろう（図28）。特に、住宅の設計においてはキッチンの設計は重要なポイントである（図29）。キッチン回りには毎日の生活に必要な様々な機能が集中し、さらに十人が十色の使い方とイメージをもっている。打ち合せにも十分な時間をかける必要がでてくる。しかしこうした直接眼に見えることも大切ではあるが、設備では隠れた部分がより、重要なこともある。寝室の枕元に配水管が通っていてうるさかったり、配管に断熱材が

図28　シャワールーム　　　　図29　システムキッチン

巻かれていないために結露水がたまり、水漏れのような状態をひきおこす。このようなトラブルには十分な配慮が必要である。

■空気調和換気設備

このインテリア空間にどの程度の性能の冷房機や換気扇が必要か。こういったことは実際はエンジニアがかかわって選定してゆく。しかし、インテリア空間のなかでそういうメカをいかに目立たせないように（あるいはわざと目立たせるデザインもある）、メンテナンスがやりよいように、機能的にバランスよく配置するかということも考えなければならない。時には、天井裏に隠したり、家具の一部に収めるなどの工夫をしてゆく（図30）。こうしたこともインテリアデザイナーの大切な仕事のひとつである。

■電気設備

ひとことで電気設備といっても現代では非常に広範囲である。デザイナーにとってやはり重要なのは照明器具だろう。光をいかに機能的にかつ心地よく演出するかということは空間を扱う上でとても大切なことであるが、それにもまして現代人の生活と要求は多様なものとなってきている。特に弱電設備といわれる設備は非常に個々のライフスタイルと密着している。例えば、インターホン設備である。ほとんどの家が玄関にインターホン、しかもテレビ付きのものをとりつけるようになってきた。しかし、その受け口はそれぞれの家庭によってキッチン、リビング、寝室だったりと様々である。また家庭にまで普及していったコンピューターのことも十分理解しておく必要があるし、テレビやオーディオについても、多様な機能とともにきめ細かな検討が必要になってきている。このように設備の技術的なことに注意を払うのは当然のことであるが、これらのことは技術というよりは、むしろ人間の生活のしかた、ライフスタイルそのものにかかわる問題である。生活のしかたと技術をつなぐもの、こうした領域はこれからのデザイナーにとって大切な役割のひとつになってゆくだろう。

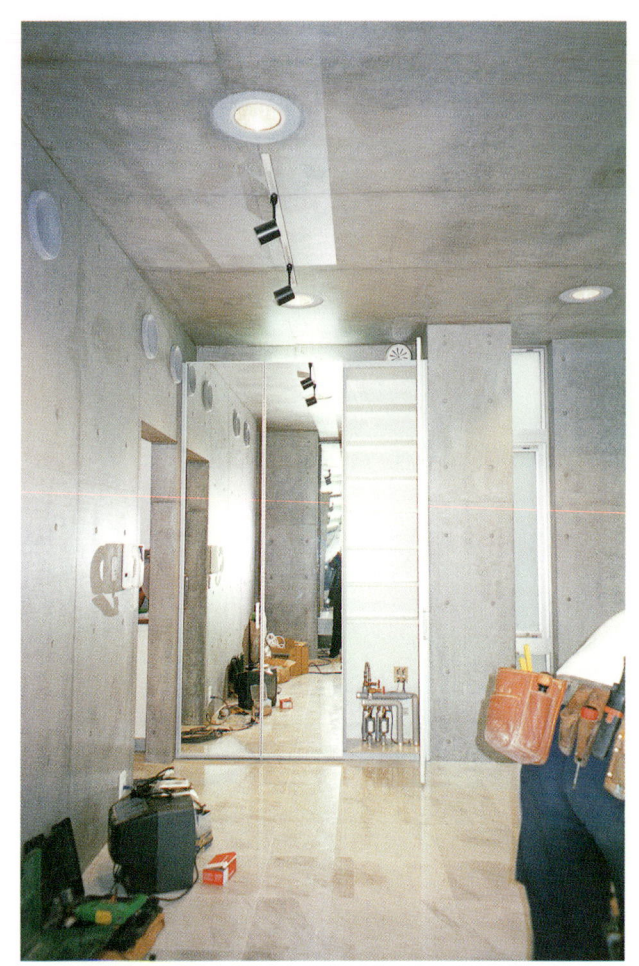

図30　設備と家具（造作家具に床暖房、電気の操作盤を収納する）

エコロジーシステム

このように生活そのものが多様化し、様々な要求に対して設備的な機能の必要性が増してくると、その反面、無駄なものはないか、本当に必要なものは何かということにつきあたる。機械的な力を借りなくとも、昔の人は涼しい風を導き入れ、暑い太陽を遮る工夫を知っていた。こうした自然の知恵に戻り、自然に優しい設備をめざしたものがエコロジーシステムである。特に太陽熱、風の流れ、蓄熱といったことが着眼されている。風土の気候をいかした伝統的な建築のかたちを取り入れて、風や光を制御したり、逆に太陽熱をエネルギー源として有効に使ったりの工夫がされている（図31・32）。

図31　名護市庁舎（沖縄県）象設計集団＋アトリエモビル

図32　ソーラーコレクターをのせた住宅（長野県）　岡江正

寸法とモデュール

小さい小鳥の巣はそれなりの大きさをもっているし、"蟹は甲羅に似せて穴を掘る"ともいわれる。人間の生活する空間も、主役である人間そのものの寸法や行動の形式が大きく影響している。昔から、人間の体の一部の大きさが寸法の基準ともなってきた。足の大きさがフィート（英国）であり、文(モン)（日本）であり、両手を広げた大きさは尋(ヒロ)（日本）、その半分はヤード（英国）である。尺貫法の単位である寸(スン)（中国、日本）も親指の幅から定められたものとされている。尺貫法は古来中国から伝来し、日本では大宝律令（701年）以前から用いられ、日本建築の重要な尺度となっている。1959年からメートル法（地球の子午線の4000万分の1を1メートル）が実施され、実際の商取引には使われないが、現在でも、木造の在来工法や建材の規格等では寸を33分の1メートル、尺を33分の10メートルとした、30や、303、あるいは間(ケン)1818といった寸法に置き換えられ多用されている。

寸法の秩序

こうした寸法の単位は空間に適用されるにあたって、様々な秩序（モデュール）が与えられるよう考えられてきた。モデュールは部分と全体のバランスという美的関係だけでなく、生活に必要な寸法の設定ということにも大きく影響している。美的な感覚が黄金比等に代表される比例的なものであるとすれば、生活に必要な寸法はいくつかの基本となる寸法の組み合わせによって生み出される、むしろたし算的なものということもできる。

オーダー

古代ギリシャの建築において、特徴的なのは円柱とそれが支える上部軀体の配列の形式とその比例関係であった。この配列形式はオーダー（Order）と呼ばれる。ドリス式、イオニア式、コリント式と3つの様式があるが、最も古く男性的といわれるドリス式では柱の高さは柱脚部の4.5～6倍、イオニア式では8～9倍などと細かな比例関係が見い出され、部分と全体とのバランスを大切にしたものであることがわかる。こうした関係は原則的には各様式ごとに統一され、かたちの規範となるものであった（図33）。

木割り

日本の中世に世襲性のもと、発生した木割りは基準寸法をもとに比例関係によって部材の寸法や、間隔を決めたもので、当初は大工棟梁の家系に伝わる秘伝書としての意味合いが強かったが、江戸時代になると一般にも普及するようになった。経験的な構造的な配慮や施工技術といった技術書的な役割とともに建築の厳密なプロポーションという美的な役割ももっていた（図34）。

図33　ローマのオーダーとギリシアのオーダーとの比較

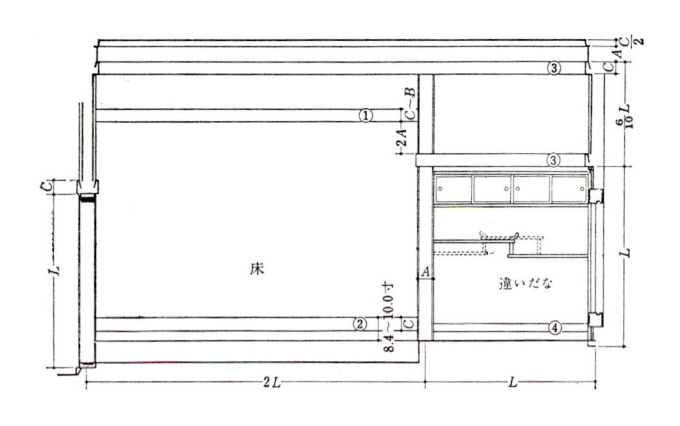

図34　「匠明」殿屋集による座敷図

モデュロール

ル・コルビジェ（Le Corbusier 1887-1965）は人間の体の大きさと数学をもとにモデュロールと呼ぶ独自のモデュールを考案した。地面からヘソ（113cm）、頭（183cm）、手を上げた指先（226cm）までなどを基準に空間と人間の関係を考えたもので数学的にもフィボナッチ数列をなしている。フィボナッチ数列とは第3項の数字が前2項のたし算として得られる数列で、連続する2項の比はおよそ黄金比に等しくなるという数列である（図35）。こうしたモデュールに加え、空間には人間の行為に基づいた様々な寸法が生きている、そのなかでも特に安全や衛生にまつわる寸法については建築基準法などの法規でも規定されている。次に主な標準寸法をあげておく（図36）。

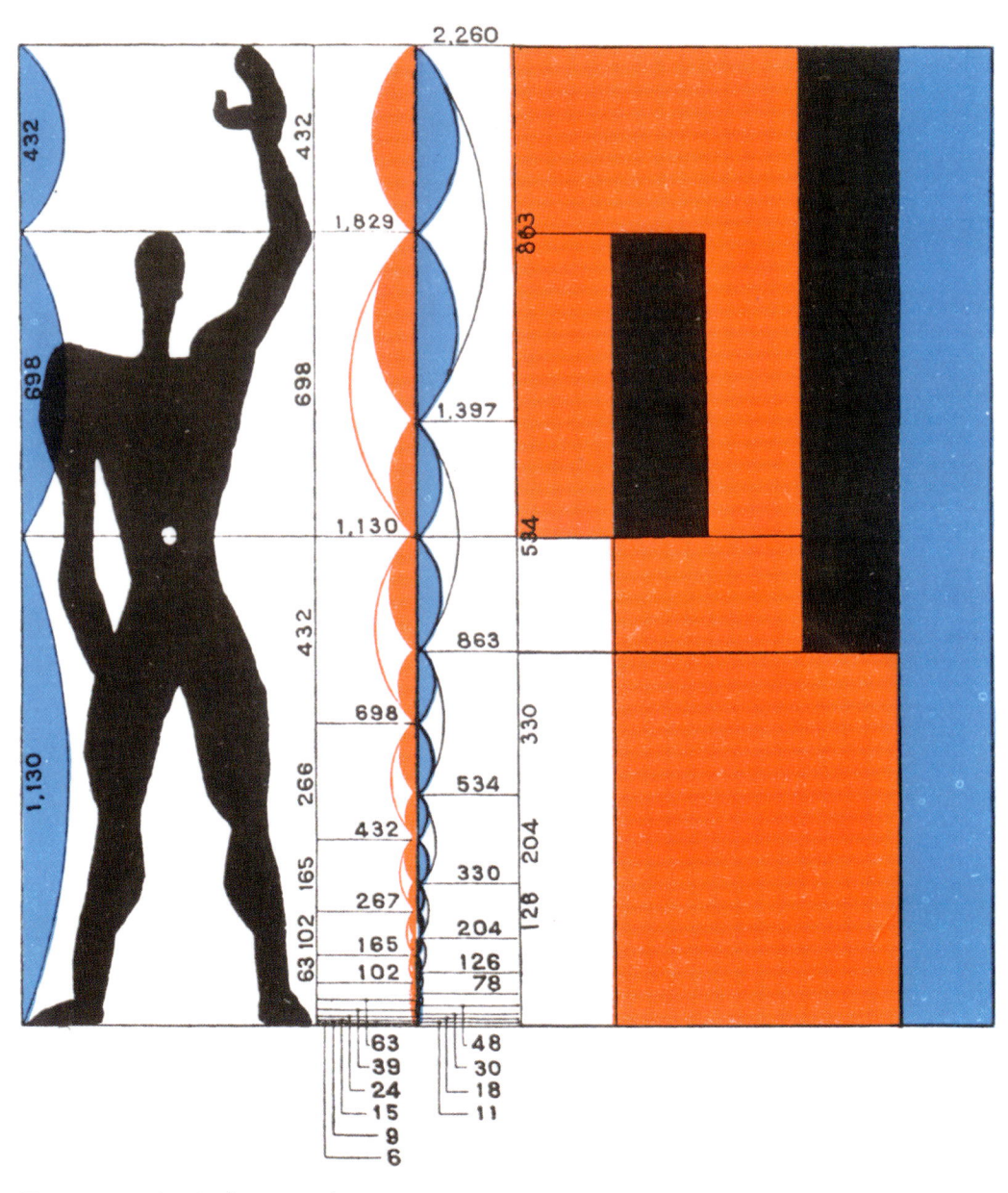

図35　ル・コルビュジエ「Le modulor」©F.L.C./ADAGP, Paris & JVACS, Tokyo, 2001

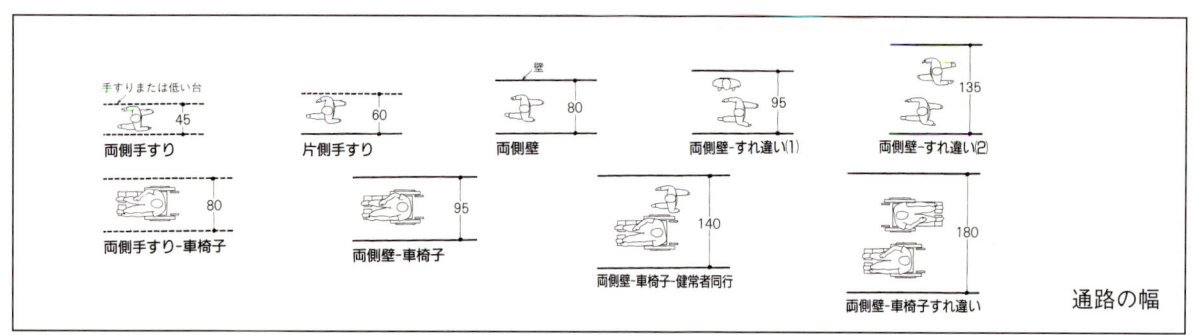

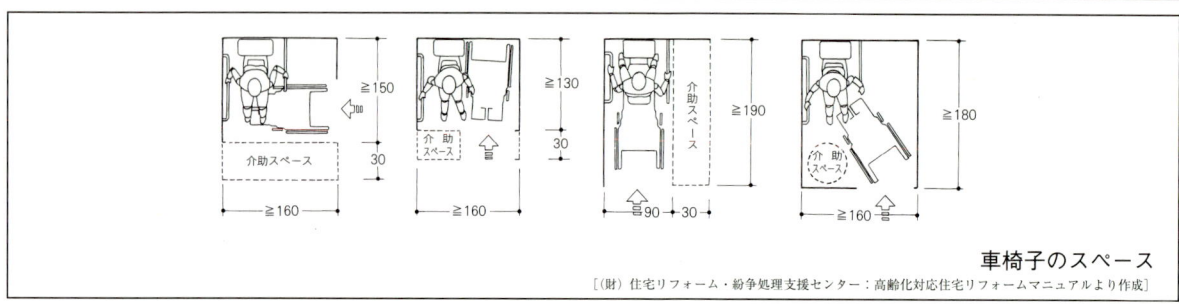

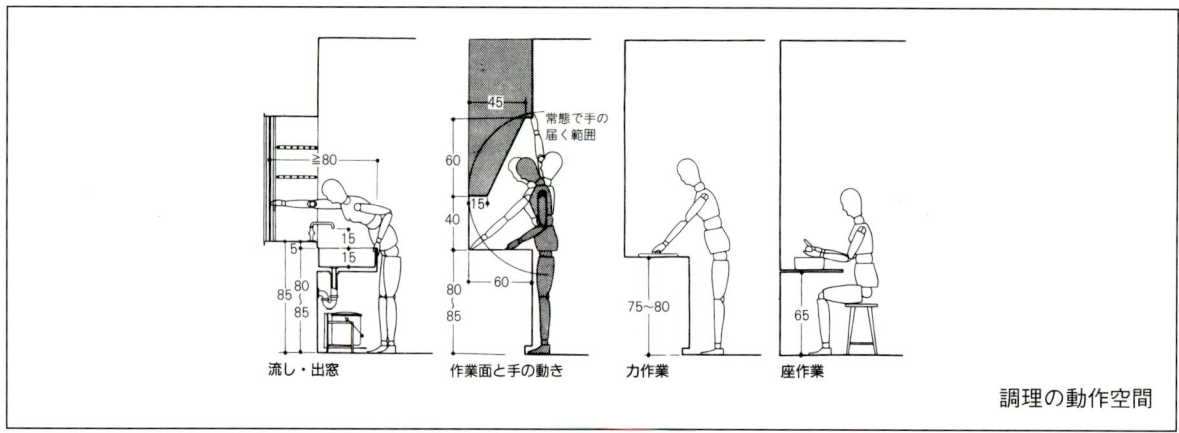

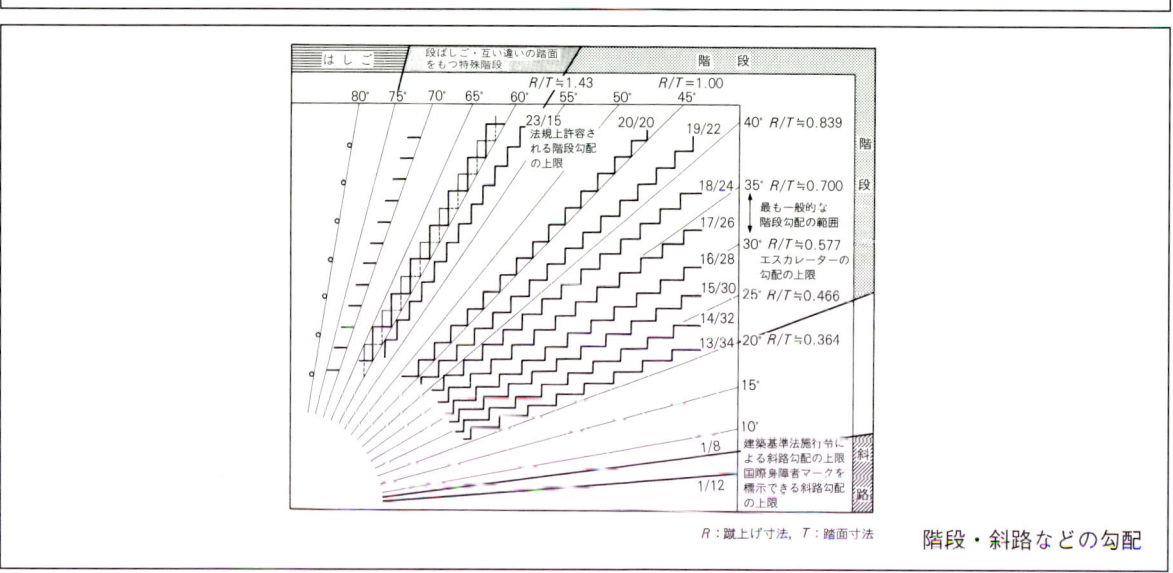

図36 人間の行為に基づいた様々な寸法

ベッドスペース

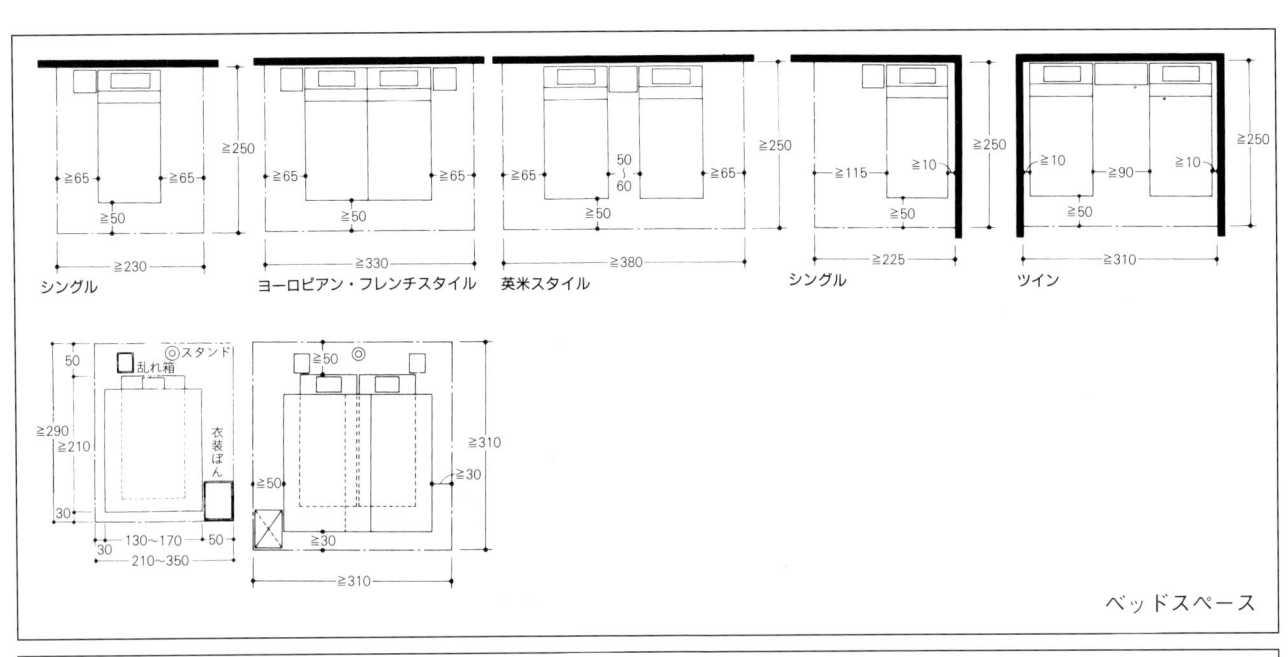

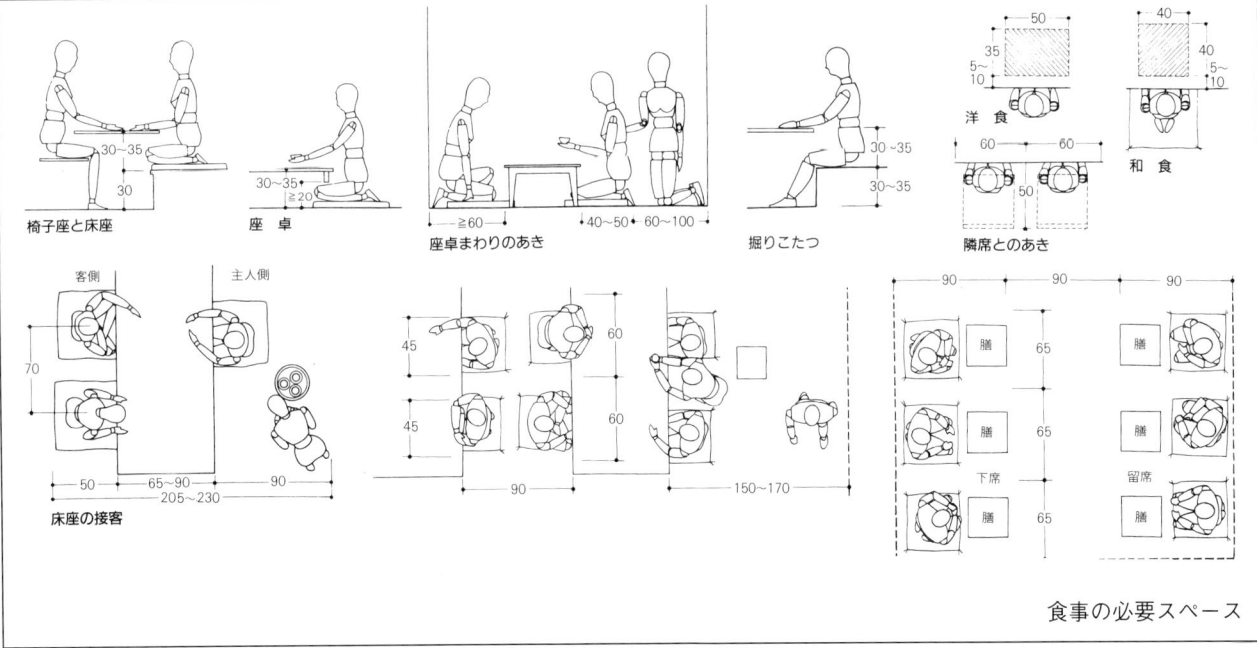

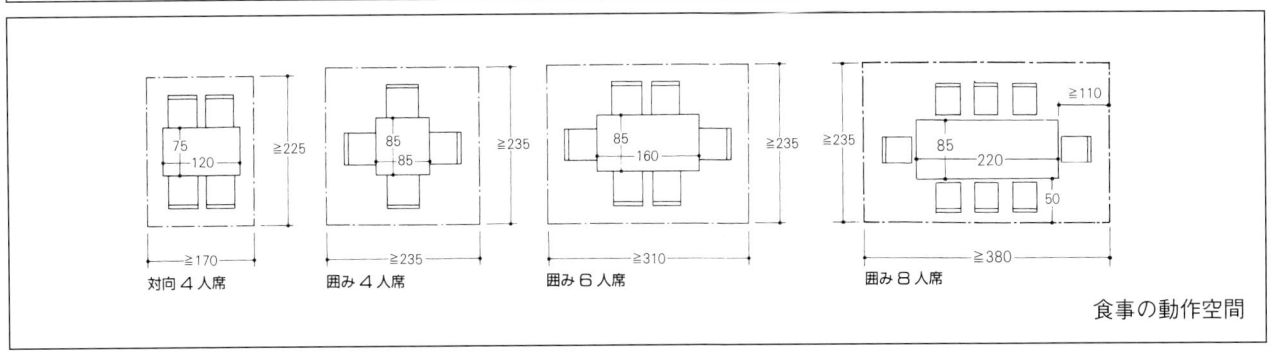

食事の必要スペース

食事の動作空間

社会とのかかわり

IT化社会

IT（情報技術）革命は個人、グループ、企業そして公的機関などすべてをインターネットでつなぐ、世界中のあらゆるところに一瞬にして情報が伝わってしまう電子社会を形成した。ITとはInformation Technologyの頭文字で、コンピューターを利用し、情報の処理を効率化する技術全般をさしている。

IT革新により、今まで個別に形成されていた情報はデジタル化され、同時に同じ形式で扱えるようなった。このことは社会の情報システムを変える画期的なことである。異なる表現の情報である文字、音声、画像、動画などが同一形式（デジタル化処理）で伝達できるのである。デザインの世界でも今やこのIT活用のプレゼンテーションが主流に変わりつつある。

IT社会はネットワーク対応型社会である。住まいもそれらの対応機器としてファックスやパソコンが普及した。そしてインターネット家電の展開も検討されており、これらは屋外からの携帯電話活用で、ホームセキュリティーのチェックやお風呂への給水管理などが可能となる。

またオフィスでは、小型パソコンや携帯電話などの情報通信技術を利用してのモバイル・オフィス化やホーム・オフィス化が展開され、適応する共有家具やSOHO家具が創出された（図37）。

エコロジー

エコロジーとはもともと生物と環境の相互作用を研究する学問（生態学）を意味するが、現在では、人間と自然との望ましい関係を探ろうとする取り組み全般の、「生態環境」としてのエコロジーを示すことが多い。21世紀は「環境の世紀」といわれる。世界的な環境汚染や地球温暖化、森林の減少化などの現れは、地球規模での環境と生態系の危機を指摘され、今日ゴミを出さない資源循環型社会づくりを進めようとしている。

太陽熱システムを建築設備に積極的に取り入れたエコロジー建築やエコハウス（環境共生住宅）が環境保護運動や地球温暖化防止のために、地球に環境に優しいものとして高い評価を得ている（図38・39）。

インテリアエレメントにおいても環境に優しい製品づくりが始まっている。環境ホルモンやダイオキシンが排出されない健康によい製品づくりや、設計段階から寿命

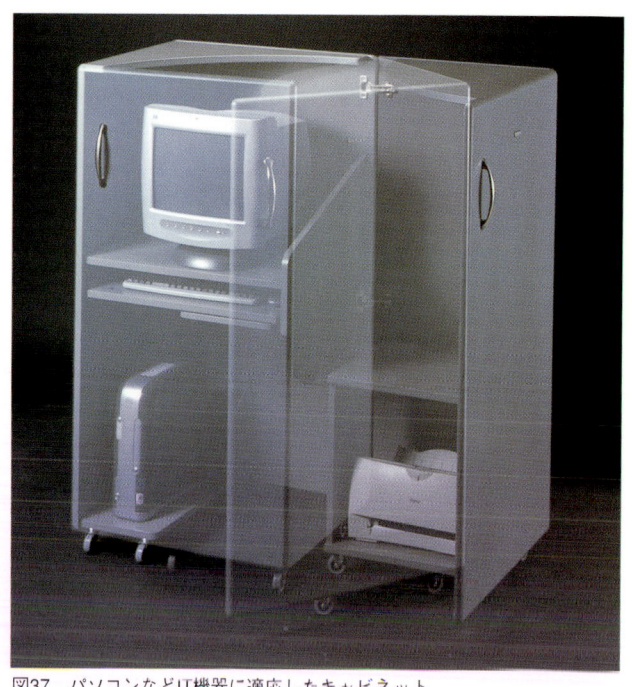

図37　パソコンなどIT機器に適応したキャビネット

が終わり、廃棄されるまでのＬＣＡ（ライフサイクル・アセスメント）分析を導入した製品づくりや、省エネ・リサイクルなどエコロジーな製品づくりが展開されている。例えば、椅子の背や肘掛け部などにはリサイクル利用できるポリプロピレン樹脂の積極的使用や（図40）、建材や家具芯材に木の端材や廃材を再生したファイバーボード（繊維板）を多用するなど実践例は多い。

"エコマテリアルをエコデザインの考えでエコテクノロジー活用したエコファクトリーで生産する"、まさしく環境重視のエコロジー指向が推進されている。

ユニバーサル

本格的な高齢社会を迎えている今日、高齢者はもとより誰もが健康的で安心して暮らせる環境が求められている。

ユニバーサルはユニバーサル・デザインから一般化し、誰もが使いやすい製品、建物、環境を創造する意として、人と人との生活とのかかわりにおいて共生と自活のあり方を形成する考えを示している。日本語ではユニバーサル・デザインの製品を「共用品」と訳している。身近なペンや容器から家具・什器、駅の券売機、さらには街のスロープなど、日用品から公共施設や街づくりまで多岐にわたる。

ちなみにユニバーサル・デザインには7つの原則が設定されている。
①誰でも公平に使用できること。
②利用に柔軟性があり、使う人の様々な好みや能力に合うよう作られていること。
③使い方がすぐわかること。
④必要な情報が直感的に理解でき、使用状況や視覚聴覚などに障害がある人でも使い方などの情報が効果的に作られていること。
⑤エラーに対する寛大さで、うっかりミスで危険につながらないデザインであること。
⑥少ない身体的努力で、無理な姿勢をとることもなく、小さな力でも楽に使用できること。
⑦アクセスしやすいスペースと大きさにすること。

これら7原則は、既存のデザイン評価やデザイン・プロセスの方向づけとしても活用できる。

図38　ソーラーチムニーの家（岡山県）
熱の煙突効果を利用したパッシブソーラー
加藤義夫

図39　ソーラーチムニーの家内観（岡山県）
加藤義夫

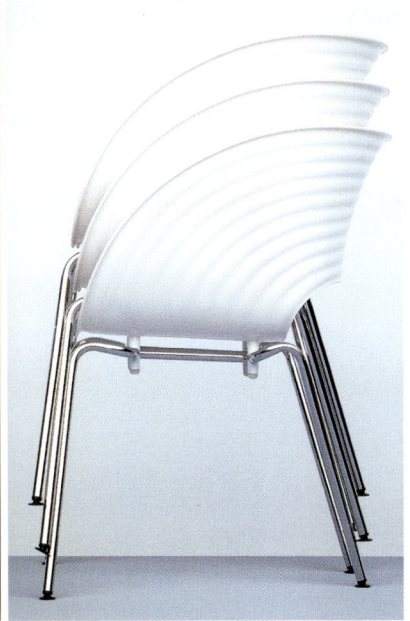

図40　リサイクル材料の椅子
／ヴィトラ「Tom Vac」

バリアフリー

バリアフリー（barrier free）とは障害除去の意で、障害者や高齢者らが快適な日常生活を送る上で障害（バリア）となるものを取り除く考え方で、すべての人を対象にしたユニバーサル・デザインとは異なる。

人口の高齢化は急速で、2000年9月で日本の高齢人口は2187万人で、総人口の17.2%を占め、国民6人に1人が高齢者となっている。日本の将来推計人口では、2025年には27.2%、2050年には32.3%になるといわれる。

高齢者や障害者が安全に、しかもできるだけ自立して快適に暮らせるよう配慮したバリアフリーの住宅や街づくりが積極的に推進されている。例えば、バリアフリー住宅には、床の段差をなくしたり、階段をゆるやかにし、両側に手すりをつけたり、ホームエレベータを設けたり、浴室は車椅子でも入れるよう広いスペースをとったり、腰掛け式キッチンセットの設置等々の対応がされている。そしてバリアフリー対応の代表的インテリアエレメントが車椅子で、最近ではその種類も増え、電動椅子や軽量タイプなど多様である。他に歩行器やステッキなども室内用から外出用まで、さらには折りたたみ式などもあり、入浴やベッド用の補助介護機など、インテリアエレメント製品が揃えられている（図41・42・43）。

サスティナブル

サスティナブル（sustainable）とは「持続可能な」の意味で、1992年ブラジル国連環境開発会議（地球サミット）にて、サスティナブル・デベロップメント（持続可能な開発）という概念が提起され注目されるようになった。サスティナブルという概念が提起された理由は、20世紀の大量生産、大量消費、大量破棄型の社会経済システムをこのまま放置すれば、有限資源の枯渇はいうまでもなく、温暖化等により地球環境問題をより深刻化させ、ひいては人類の存続さえも危ぶまれる事態を招きかねないという認識からであった。環境を維持しながら持続的に発展する社会の構築と環境保全への実施が叫ばれた。

90年代半ばから先進国において、持続可能な地球環境のためのサスティナブルデザインが、地域や住まいのあり方や生活道具などに試みられてきた。木製家具などは元来このデザイン指向をもっており、最近の無垢仕上げ（表面に無塗装）の家具や再生材使用のキャビネットなどが普及の兆しを見せている。地球にも人にも優しいサスティナブルデザインの製品である。今後、サスティナブルを支持する生活者が増え、そのための住まいや生活道具がさらにつくられるであろう（図44）。

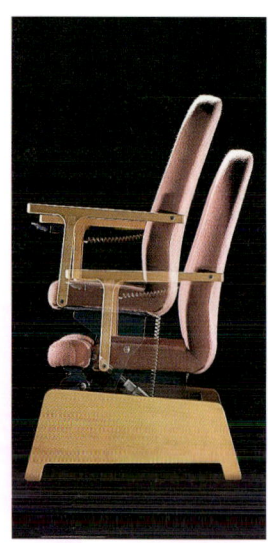

図41　立ち上がり補助椅子 　　図42　木製車椅子 　　図43　バリアフリーの住宅（長野県）玄関部分のスロープ　岡江正 　　図44　再生紙管によるデスク＋スツール

材料、仕上げ、構法

インテリアデザインは建築の空間があって、そのなかではじめてデザインが始まるわけではない。時にはインテリアデザインのニーズが建築のかたちを決めてゆくこともある。建築の空間がどのようにして、どんな材料でつくられているかを知ることはとても大切なことである。

構造と構法

建築空間は様々な材料により様々な方式でつくられる。大きくは人間が生活する空間を力学的に構成し、ボリュームをつくり出す構造体と、直接我々が眼にし肌で接する仕上げ材に分けることができる。時にはそうした構造体が直接、仕上げとして眼に見えてくることもあるし、構造体の形式がそのまま空間の特徴となることも少なくない。構造体はその材料となる種類で、木造、石造、鉄骨造、鉄筋コンクリート造などがあり、またその構法や力学的な方式によりアーチ構造、軸組構造、壁式構造、などに分類される。材料と構法はそれぞれの特徴を生かして組み合わされ、地域や時代と共に発展し、またその用途によって使い分けられてきた。石造によりつくられた壁に開口部を設けるためにアーチ構造が用いられ、さらにドームをつくることにも応用された。また現代の構造材の代表ともいえる鉄筋コンクリート造についても、その構法的な形式から鉄筋コンクリート壁式構造、鉄筋コンクリートラーメン構造等に分けられる。ここでそれらの材料や構法の特徴や実現される空間の種類を考えてみる。

石造

文字通り石やレンガなどを積み上げて壁をつくる構法で、古くから、比較的簡単な道具と技術で様々な空間がつくられてきた。しかし、地震などの水平力には弱く、また強度を上げるためには厚い壁と比較的小さな開口部しかもてないことなどの制約もあり、地震の多い日本では比較的小規模な建物にしか用いられてこなかった。一方、その自然な素材感と火や水に強い耐久性のある性質で、特にインテリアデザインなどの意匠的な範囲では積極的に使われている。

木造

加工しやすく、容易に手に入りやすい木材を使った建築は現在においても日本建築の多くを占める。日本の木造建築は梁と柱という線材を組み上げてつくる軸組構法が主体で、壁は土を塗りこめたりしてつくられてきた。木は日本の文化風土に適した材料ではあるが、火に弱く、現在の法規では使用上の制限が細かく定められている。

鉄骨造

材料の性質から引張力に強く、また加工も容易なことから近代建築に多く用いられ、橋梁や超高層建築など大空間をつくり上げることにも多く使われる。火に弱いことは欠点のひとつで火災時に容易に変形しないよう表面に耐火被覆などの処理が施されることもある。

鉄筋コンクリート造

引っ張りに強い鉄筋と、圧縮に強いコンクリートの長所を生かした構法で、火災にも強い材料である。その他の構法と違い、型枠をつくって材料を流し込むことでできる可塑性の強い材料で、それを生かした独自のかたちも生みだされる。現代建築の代表的な材料、構法といえるだろう。

アーチ構造

古代ローマで盛んに用いられたアーチは本来組石造の壁に開口部を設けるための工夫であった。こうした原理はドームやボールト屋根などに応用され石造で柱のない空間を実現している。こうした力学的な解決は近代の構造にも応用されている（図45）。

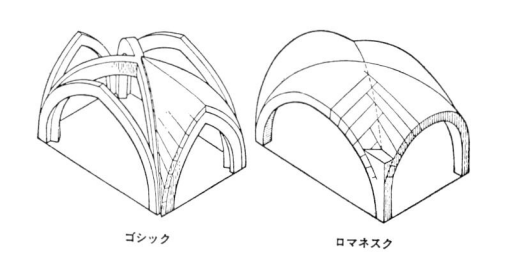

ゴシック　　ロマネスク

図45　アーチとボールト

軸組構造

もともと、木造にしろ、鉄骨にしろ、梁と柱のような線材を組み合わせて使う軸組構造は、斜めに筋交いを入れたり、厚い壁を挿入したりして、もとの4角形の構面が菱形に変形しないようしてゆくことが基本である（図46）。梁と柱で門型を組み、さらに接合部が変形しないようにしたものを架構としてゆく方法をラーメン構造と呼び、鉄筋コンクリート構造の基本的な構法のひとつである。

壁式構造

逆に壁式構造は壁を建てることで空間を構成してゆく方法である。木造の2×4構法（ツーバイフォー構法；2インチ×4インチの部材で強度のあるパネル面を造り組み立ててゆく構法）などはその代表である。鉄筋コンクリート壁式構造は柱や梁の凹凸がなく、構造体をそのまま見せた打放し仕上げの建物などにもよく使われる。バランスよく壁を配置することが大切で逆に平面計画的な制約をともなうこともある（図47）。

仕上と材料

我々が建築空間を認識するのは、構造体によってつくり上げられた空間のボリューム（一般に縦横、高さの大きさ比率）によることが大きいが、直接眼にし、接する仕上げ材の印象も大切である。仕上げ材は力学的な制約からは比較的自由であるが、火災やシックハウス症候群（有害な接着剤などを含んだ建材等を使った空間で生活することでアレルギーなどの症状を起こす症状）などに対しての安全性に考慮されたものでなければならない。その上ではじめて素材の特徴を生かしたデザインが行われるのである。

ガラス

透光性があり、汚れに強いガラス素材は近代的なイメージのある素材で、間仕切りや内壁などインテリアの材料としても多く使われる。ガラスブロックなど製品化されたものも多く、強度のある強化ガラスは透明な手すりなどにも使われている。

図46　軸組構法（従来構法）足立建築研究所

図47　壁式構法

金属

現在使われるサッシのほとんどはアルミである。このようにアルミは現代建築ではなくてはならない素材であるが、いろいろな場所でステンレスや鉄、銅などもよく使われる。金属材料は比較的精密な加工がしやすく、シャープな表現ができることなど、現代では多用される材料のひとつである。

石

インテリアでは石は装飾的に使われることが多いようである。花崗岩や砂岩など石の種類による違いもあるが、例えば、花崗岩では割肌（石を割った状態の仕上げ）、本磨き（鏡のように平滑な仕上げ）、ジェット（バーナーと水で冷やしてできる粗面仕上げ）を使い分けるなど、それぞれの石に適したいろいろな表情を組み合わせることができる。

木

木の素材も多種類にわたり、いろいろな表情と特徴をもっている。無垢材だけでなく合板や集成材として加工されたものもよく使われる。燃えやすい木材をインテリア素材として使う場合は火災や煙に配慮した内装制限という規制があり、注意が必要である（図48）。

しっくい

古くからのしっくいや珪藻土なども最近、再びよく使われるようになってきた。現場での作業が多く手間のかかる構法であるが、その自然な吸気性や高級感のある質感などが好まれている理由である。

新素材

従来からの材料に加え、プラスチックやテフロン加工されたテント等も使われるようになった。こうした材料はドームなどの膜構造に見られるように軽く、自由な曲面やかたちをつくることができ、新時代の材料といえる（図49）。このほかにも、仕上げや材料については多種、多様なものがあり、アーティストが絵の具を使いこなすがごとく、それぞれのインテリアデザイナー独自の使い方といったものがある。こうした、構法や材料について忘れてはいけないことはそのものが本来もっている理由とか性質というものである。例えば、1本の細い木造の柱にレンガを貼る。こうしたことは軸組材としての柱の意味と、組石材としてのレンガの性質を考えたらありえるはずはない。私たち一人ひとりに個性があるように、素材や構法についてもその個性を知ってのばしてやることが大切なことなのである。

図48　木の建築：繋小学校（岩手県山形村）
（株）ゼロ建築都市研究所　撮影：古館克明

図49　新素材の建築：繋小学校（岩手県山形村）
（株）ゼロ建築都市研究所　撮影：古館克明

仕事のしくみ

施主、設計者、施工業者

一般に建築や空間系のインテリアデザインの仕事は特定の条件で、特定の場所で、特定の人に依頼することが多い。逆に、同じインテリアの仕事でも独立型の家具などは不特定多数の人を対象として、幅広い、ニーズや市場性などを調査し、デザインされ、生産に移されることが多い。もちろん、空間系の仕事でも、例えば、分譲マンションや建売住宅のように、すでに商品として完成したものを顧客が予算に応じて購入するというかたちもあるし、独立型の家具でも特定の用途で、特定の人のために一品生産的につくられる形式もある。

仕事の流れ

ここでは住宅を例にとって考えてみる。一般に住宅を欲しいと思った人は図50のような流れで、希望の住宅を手に入れる。ここでは大きく3つに分けて仕事の流れを考えてみたい。どの場合も、①建て主（クライアント、施主）がいて、②その希望をかたち（デザイン）にする設計行為があり、③それを実際につくり上げる（施工）という3つのプロセスがある。

設計事務所に依頼する

クライアントが"こういう住宅を建てたい"と設計を専門とする設計者に依頼するケースである。普通はこうした設計事務所は施工は行わない。設計だけを専門とするわけであるから、それぞれ、特徴ある個性を売り物とする。単にかたちのことだけでなく太陽熱利用を利用した住宅や、バリアフリーに細かい配慮を行う住宅などを得意とする事務所もある。そのなかで、クライアントの意向やコスト、技術的な検討などきめ細かに話し合いながら設計を行うわけである。設計者の立場に立ってみるとクライアントの"こういう住宅を建てたい"という希望をかたちにするわけだが、普通クライアントの複雑な要求はそのままではなかなかかたちになりにくい。

子供に個室を与えるか、リビングを小さくしても予備の和室を設けるかどうか、など住まい方は百人百様である。敷地に対して建てられる建物の規模には法的制限があるし、当然予算もある。こうしたいろいろな条件を判断しながら、新しい住まい方についても提案し、より豊かな空間をつくろうとするわけである。こうした段階での設計者の主な役割はクライアントとの話し合いである。いい人間関係と信頼を得ることがとても大切である。

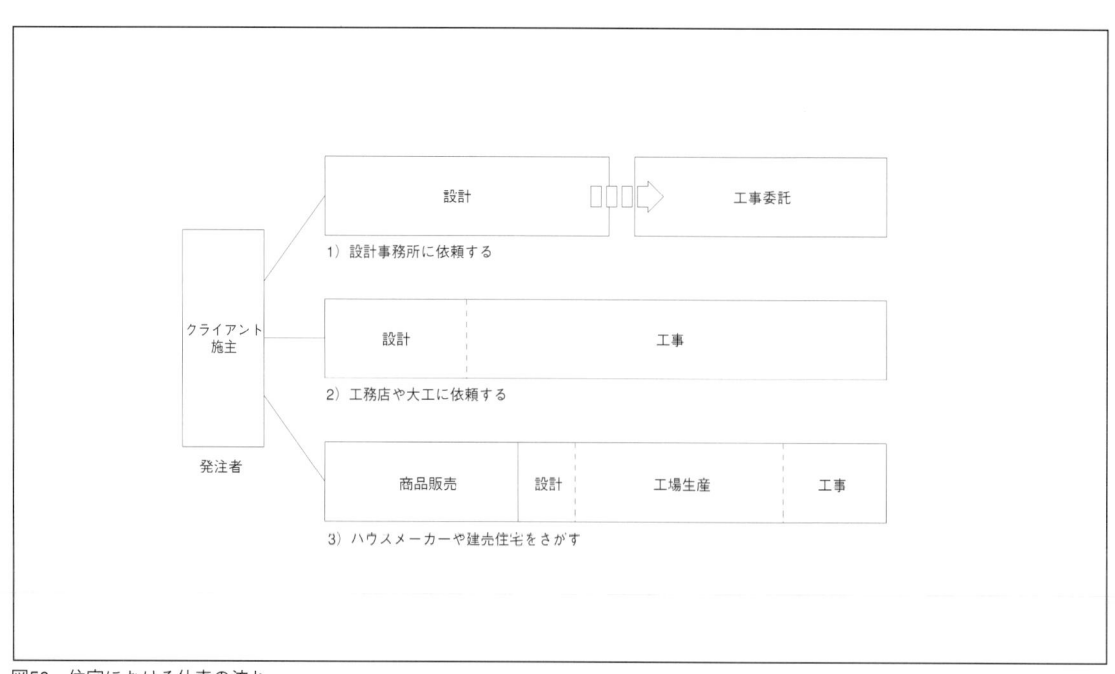

図50　住宅における仕事の流れ

もうひとつの役割は技術者（専門職）としての役割である。建築基準法など法的な問題の整理、構造や設備計画などの技術的な検討、個々の材料の選定などの仕事である。これらは豊富な知識や経験が要求される部分であるが、それだけにさらに役割の細分化が進み、構造や設備等のエンジニアも参加したりすることもある。建物を建てるにはその規模や構造によって、1級建築士や2級建築士、木造建築士等の資格がないと建てられないが、こうした役割分担でインテリアデザインなどは必ずしも資格優先のものではない。むしろ全体のチームのなかでそれぞれ得意な分野をもつことが大切である。こうして、決定された内容をクライアントに確認し、施工者に正確に伝達することも大切な役割である。そのための主な伝達手段として、図面や仕様書があり、また、模型や、CG（Computer Graphics）なども使われる。こうした一連の作業すべてがデザインといってよいだろう。

　施工者を選定するのも通常、設計事務所の役割である。大工や工務店に依頼するケースもあるし、ゼネコン（総合建設業、General Contractor）に発注する場合もある。工事期間中は図面通り、施工が行われるか、また設計では詰め切れなかった細かな収まりなど、施工業者とともに見てゆくことになる。設計作業はこうした設計図をつくり上げる作業（設計業務）・工事を監督指導する業務（監理業務）という主にふたつの作業があり、全体として設計監理業務として成り立っている（図51）。

工務店や大工に依頼する

　一方、設計事務所やデザイナーではなく、工務店や大工に依頼するケースもある。従来の木造住宅の多くはこうした方法でつくられてきた。もちろん、大工や工務店も前述の設計作業に充当する部分は必要である。ある程度の規模の工務店になると、設計事務所の資格ももち、設計部などのセクションももっている。本来、日本の木造住宅はこうした地場の工務店や大工とのつきあいのなかで建てられてきたものであった。こうした仕事の流れの特徴は設計施工ということである。つまり、同じ人（会社）が設計を行い、工事も担当するということである。設計事務所に特徴があったように、工務店や大工にも設計が得意なところ、工事に力を入れるところと様々である。

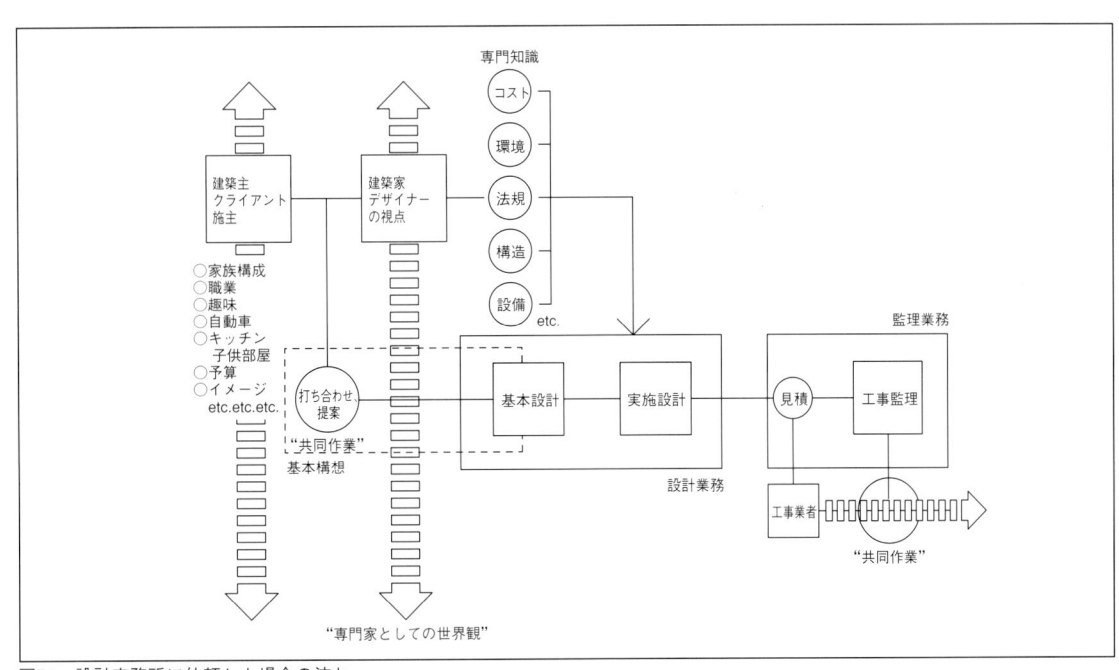

図51　設計事務所に依頼した場合の流れ

ハウスメーカーや建売住宅をさがす

　クライアントにしてみると、唯一、現物を見て買い物をすることができる方法である。いくら模型やCGなどで事前に説明されても、なかなか設計図だけではどんな住宅ができるのかわかりにくいが、ハウスメーカーのモデルハウスや建売住宅は現実のものを表示された価格とともに判断できるので、わかりやすいといえる。設計者の立場からみると、この場合、前述のふたつの方法と大きく違うのは、一般にクライアントが特定されていないことである。現在の家族の一般的な住まい方はどうなのか、求められるニーズは何かなど、広く社会的なことを考えて設計を行うわけである。もちろん、なるべくたくさんの個性に答えようと、様々なオプションを用意するわけであるが、あまり複雑になると、結局、個別の注文住宅との違いがなくなってしまうことになる。また、いわば商品を売るわけであるから、商品としてのイメージづくり、営業や広告などの業務にも力を入れている。また、特定の区画を分譲地として開発してひとつの街並としてのデザインが考慮されることもある（図52・53・54）。

上：図52　ハウスメーカーの住宅：T fineシリーズFORTH
左下：図53　ハウスメーカーの住宅内観
右下：図54　街並みへの展開：宇都宮市戸祭グリーンヒル

デザインのすすめかた

大きな仕事の流れの枠組みのなかでインテリアデザイナーとしての仕事の流れはどうなっているのであろうか。まず単に最終的なかたちをどうするか、よりカッコいいかたちを求めることだけがデザインの仕事ではないことを理解してほしい。まず、その対象がなぜデザインあるいは、リデザインされなければいけないか、それを考えることが必要である。純粋芸術のように、自分がこれを描きたい創りたいというような衝動だけでは、住む人の生活に密着したインテリアデザインは成り立たない、そこにデザインされる必要があってはじめてデザイン行為が始まるのである（図55）。

計画
はじめに課題がある。それはクライアントからここにこういうイメージのものをつくって欲しいということから始まることもあるし、会社やデザイナー自身が、今ある矛盾に気がついてリデザインする必要に迫られることがあるかもしれない。

発想
そうした課題をどう解決するか、デザイナー個人に還元される最も重要な領域である。今まで、自分が生活し、考えてきたことがヒントになることもあるだろうし、突然のひらめきによることもあるかもしれない。時には、ひとつの言葉がキーワードになることもあるだろう。

調査、分析
デザインというものが社会とのかかわりをもったものである限り、常に、現状はどうか、実態はどうか、類似事例ではどのように問題を解決しているかというような調査が必要である。場合に応じて市場調査や利用者人数調査というような数量的なデータを必要とすることもあるだろうが、イメージ調査といって感覚的な印象を調査しようという場合もある。どちらの場合も調査されたその結果をどう読み取るか（分析）ということが大切である。数量的なデータといっても理化学年表のような数字の羅列をただ漠然と眺めていたのでは、そこから何かを読み取ることは難しい。その分析にこそデザイナー独自の個性が現れるのである。特に、デザインのために行う調査は、はじめに仮説を組み立てることが大切である。デザイナーとしての予測をたて、それが正しいかどうか問題点は何かを調査してゆくのである。つまり、発想と調査は平行して行われなければならないということである。

企画
企画という言葉は幅の広い使われ方をしている。広い意味ではひとつのプロジェクトという全体をさすこともあるし、単に事業化の問題あるいは発想としてのアイデアの問題としての狭い意味で使われることもある。デザインの流れにあっては多くの立場の違う人との共同作業が発生することが普通であるが、こうした多方面からの判断、つまりアイデアそのものから、データの読み取り、技術的な判断、事業化や実現へむけての判断等、総合的なものをさすのが適当だといえるだろう。以前はそれぞれの専門家という立場があり、デザイナーはかたちの提案だけできればよいというようなこともあったが、今の時代ではそれぞれが、ボーダレスに他分野のことを理解できる能力を必要とされている。

形、機能、展開
そうした条件のもとでも主にデザイナーはかたちを扱うことが主題である。要求された機能は十分満たされているか、構造的に安定しているか、選んだ材料は適切か、

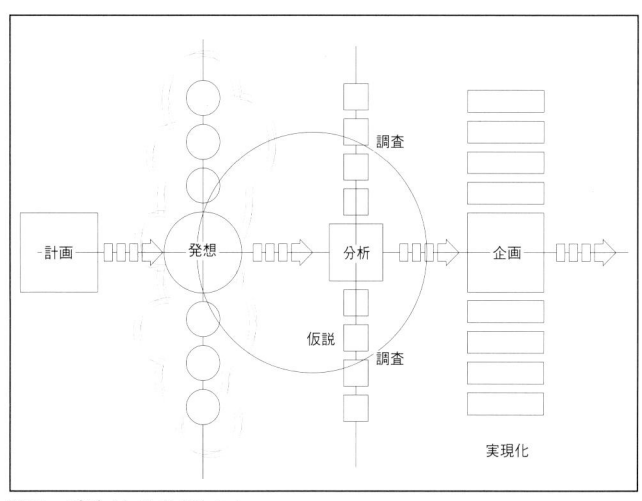

図55　デザインのすすめかた

安全性は保たれているか、コストを含めた実現可能性は高いか等チェックする項目はたくさんある。そういったことを常に考えながらよりよいかたちをもとめてエスキースを繰り返してゆくのである。

エスキースの流れ

では、具体的にエスキースはどのような展開をへて、かたちに集約されていくのだろうか。

1) アイデアスケッチの展開

様々なアイデアを繰り返しスケッチしてゆく。スケッチにはふた通りの種類があるといえる。ひとつは発見するためのスケッチである。アイデアとして抽象的なかたちをスケッチすることもある。手を動かしているなかで、より新しいアイデアが生まれることもある。以前より、よりよいかたちの解決を求めて行うスケッチである。もうひとつは検証するためのスケッチである。プロポーションはどうか、階段に頭をぶつけないかといった寸法的な具体性やリアリティをもとめたスケッチである（図56・57）。

2) プランの展開

デザインの解決の方法は決してひと通りではない。自分で考えた幅広い解決法のなかからより適切な解決法を選び取るわけである。空間設計においては、同じ機能や要求を満足したものでも、異なるかたちの解決がいくつも見つかるはずである。答えは決してひとつではないのである。特にプラン（平面計画）においては、こうした解決がたくさんあってそのなかから絞り込まれたものは、より研ぎ澄まされたものになっている場合が多くある。こうした、エスキースは立面や断面の計画、材料の選定などにも繰り返されてゆく（図58）。

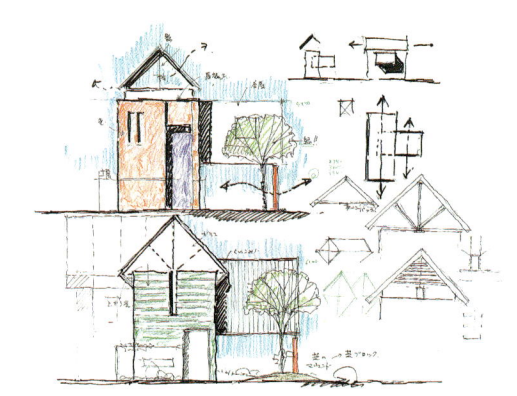

図56　アイデアスケッチ

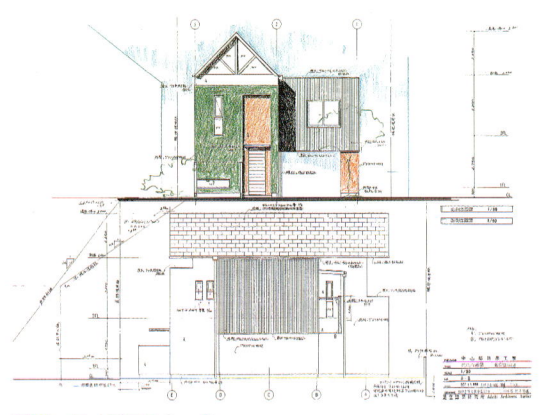

図57　アイデアスケッチ

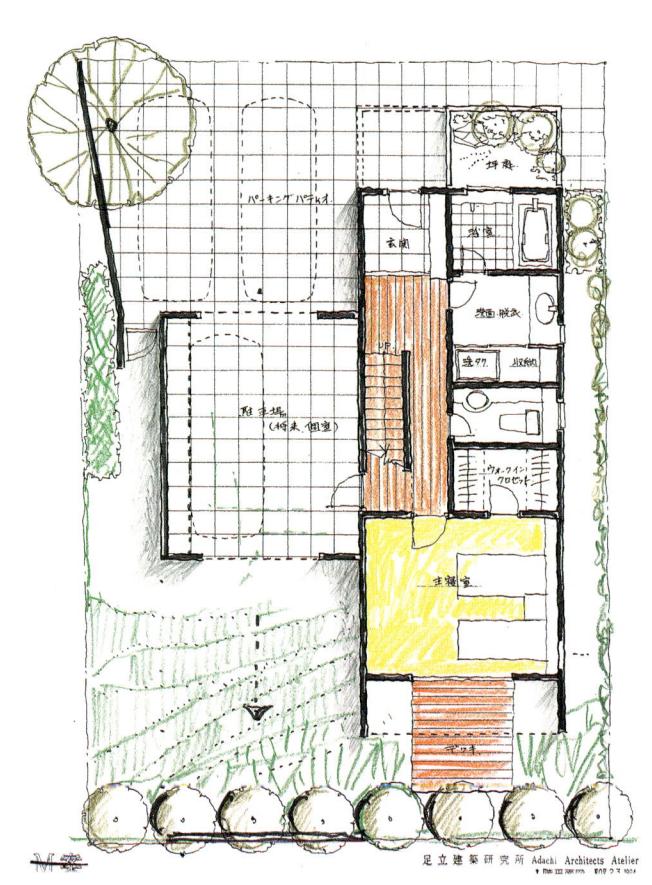

図58　平面スケッチ

3）スタディモデル

3次元の世界を扱う空間デザインでは時に、2次元の紙の上のスケッチだけでは物足りないことがある。そのときに模型は大きな力を発揮する。模型にもふた通りの役割があるといえる。ひとつはスタディモデルといってデザイナーがエスキースの過程で考えるためにつくる模型である。アイデアが逃げないうちに手早くつくり、削ったり、壊したりして3次元のスタディを行うためのものである。もうひとつは完成模型といってクライアントや他の人に完成予想をシュミレートさせるためのもので、個別に模型のプロに外注されることもある（図59）。

4）空間シュミレーション

そのほかにも、パースやコンピューターによる3Dなどの手段を使って、3次元の空間のエスキースをしてゆく。そうした、手法の中で最近とりわけ注目されてきたCADについて考えてみたい。

5）CAD（Computer Aided Design）

CADについて数年前までは実際のデザインや設計の仕事に使えるコンピューターは高性能の限られたものであった。しかし、コンピューターの進歩はめざましく、現在では炬燵の上でゲームに使っているコンピューターのレベルで十分実際の仕事に使える性能をもっている。そうなると、要はますます、道具としてのその"使い方"だけということになる。では、コンピューター（以下CPU）を使うと何が便利なのであろうか。大きく3つの特徴があると思われる。ひとつめの特徴は、CPUが当然、数値処理計算に強いことである。デザイン業務においては積算や面積計算等、数字を扱う場面も多くある。こうした作業には圧倒的な力をもつといってよい。ふたつめは複雑な図形処理である。専用のソフトを使うことで従来はT定規と三角定規で行っていた設計図をCPUで作成できることである。道具としての特性から複雑な曲線や繰り返しに有効な力を発揮する（図60）。3つめはシミュレーションである。今やゲームの世界におけるバーチャル（仮想）空間の表現は素晴らしい進歩を遂げている。デザインの世界におい

図59　スタディモデル

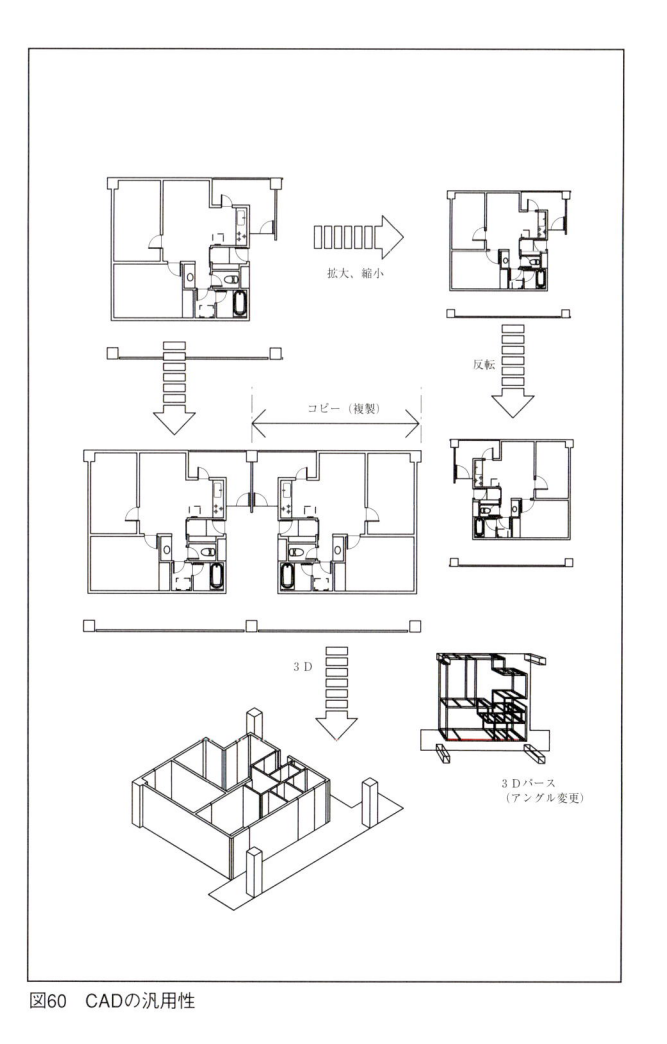

図60　CADの汎用性

てもこれからつくろうとする空間や、その質感について事前にシミュレーションできることはとても有効なことである（図61）。特に建築空間のように大きなスケールを取り扱う場合、家具の原寸模型のように実物でのシミュレーションをすることは不可能である。また、一部のソフトを使えば実際の照明の効果なども事前に検討できる。こうしたときにCPUは大きな効果を発揮する。設計やデザインに使われるCADソフトにはいろいろな種類がある。平面を描くだけで、立面まで自動的につくり、コストまで算出してくれるものもあれば（建築専用CADと呼ぶこともある）、また、鉛筆や定規のかわりとして主にいろいろな図面を描くための道具としていろいろな分野で使われるCADもある（汎用CADという）。さらに、使うCPUがWindowsかMacintoshかということや、互いのデータ交換が必要かどうかなどにより、使用するCADソフトが決まってくるわけである。では、CPUにおけるデザインはすべて素晴らしいことなのであろうか。CPUの効果が評価されるとともに、その功罪についてもいわれている。その危険性についても考えてみたい。まず、デザインの修練ということについて考えてみる。

自分の発想をかたちにしてゆく段階で多くのスケッチなりが行われる。そうした際に自分なりに何を取り上げ、何を捨てるか、そうしたバランス感覚は大切なことである。ここではコストをかけてもいい材料を使うべきだ、これはここまで必要ないといったことは予算や、時間のある限りその判断はデザイナーが行うべき重要なものである。CPUは原則として入力する際の寸法はデジタルである。"この位"という適当さは許されない。ところがデザインにおいて大切なのはよい意味での適当さ、すなわちバランス感覚ともいえるのである。それには果たしてCPUが効果的なものかということである。もうひとつはソフトの問題である。ソフトはバージョンアップを繰り返し、ますます便利になってゆく。例えばキッチンレイアウトにしてもいくつかのサンプルがプラグインされていて、それを選ぶだけで、3Dまで一瞬にして立ち上げてくれる。これは便利なことなのだろうか。デザイナーに残された仕事はカタログから物を選ぶだけということにならないだろうか。こうしたCPUの功罪を理解した上で、考えるための道具としてCPUを使ってゆくことが大切である。

図61　3Dの応用

プレゼンテーション

　デザイナーとしての自分の考え方や主張、アイデアをクライアントや相手に伝え、理解してもらうことで、はじめてクリエーターとしての個人の領域から共同作業としての形態をもつことができる。広い意味では販売や事業化といったこともデザインとしての共同作業の一貫である。こうしたデザインにまつわるメッセージを提示することをプレゼンテーションという。デザインという行為が単にかたちの操作ということだけに留まらない限り、デザインのメッセージとは時には、理念や主張であり、時にはそれから導かれるかたちそのものであり、あるいはそれらを実現させるための方法論とであったりと非常に広範囲なものである。したがって、それらのメッセージを伝えるためのプレゼンテーションという行為においても、時に応じて様々な有効な手段がとられることになり、またその選択と、表現力は大いに伝達力に影響をあたえることになる。

コンセプト

　コンセプトとは"そのデザインコンセプトは何か？"というように頻繁に使われる幅広い意味の言葉である。主に何をなぜといった内容、理念などのかたちに至る以前の概念を提示することといえる。この提案が顧客や社会にどのような影響をあたえることができるか、この空間の形態や家具の形態は何をイメージし何を喚起することができるか等、一般にはデザインというかたちの問題を理念として説明することをさすことが多いようである。よくできたコンセプトは"物語"としても面白いものである。ひとつの理念がデザインされた形となって実現してゆく。それが夢がありながら、かつ現実的なリアリティをもつ"物語"としての面白さをもつとき、それは単に理屈だけでない、コンセプトとして理解されやすいといえるだろう。

ビジュアル表現

　そうした意志を伝えるためには何らかの表現が必要とされる。言葉や、文章によるコミュニケーションに加え、デザインの領域ではビジュアル表現によることが非常に有効である。図62は家族の概念について表示してみたものである。①家族は個人の集まりである。②個人の集まりが家族を創っている。個人が先か集団が先かのような話であるが、実は家族というもののあり方を根本的に考え、空間づくりに反映してゆく重要な問い掛けである。こうした問題提議を図解してみるのである。言葉だけで伝達しようとするときよりもリビングや個室のあり方といった空間づくりへの広がりが感じられるのではないだろうか。このように、考え方や概念を図解したものをダイヤグラム（Diagram）、考え方や作業の流れなどを示したものをフローチャート（Flow Chart）、説明に必要な図解したものをイラス

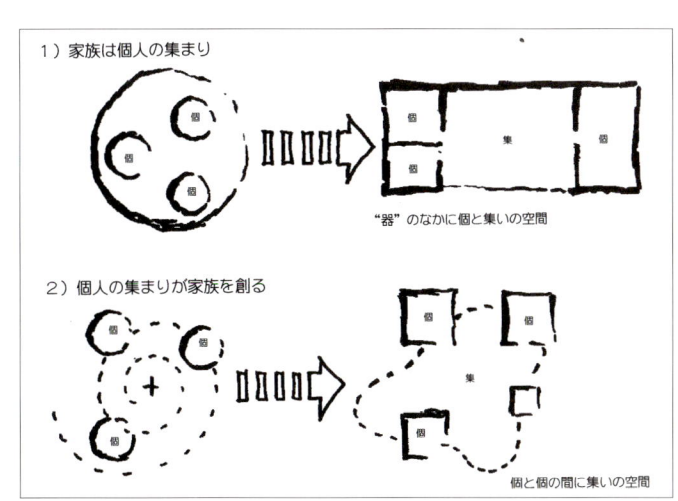

図62　ダイヤグラム

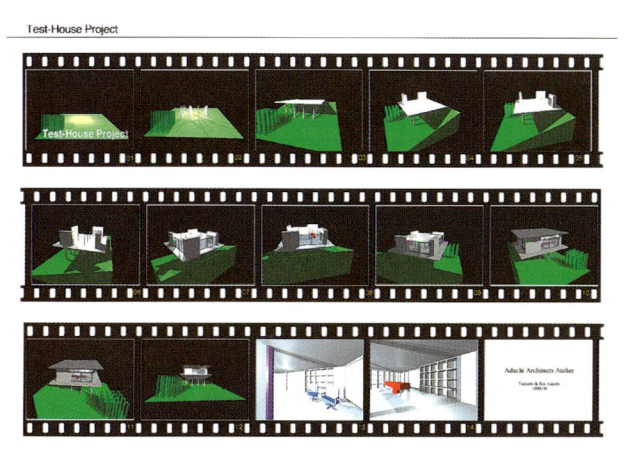

図63　プレゼンテーション

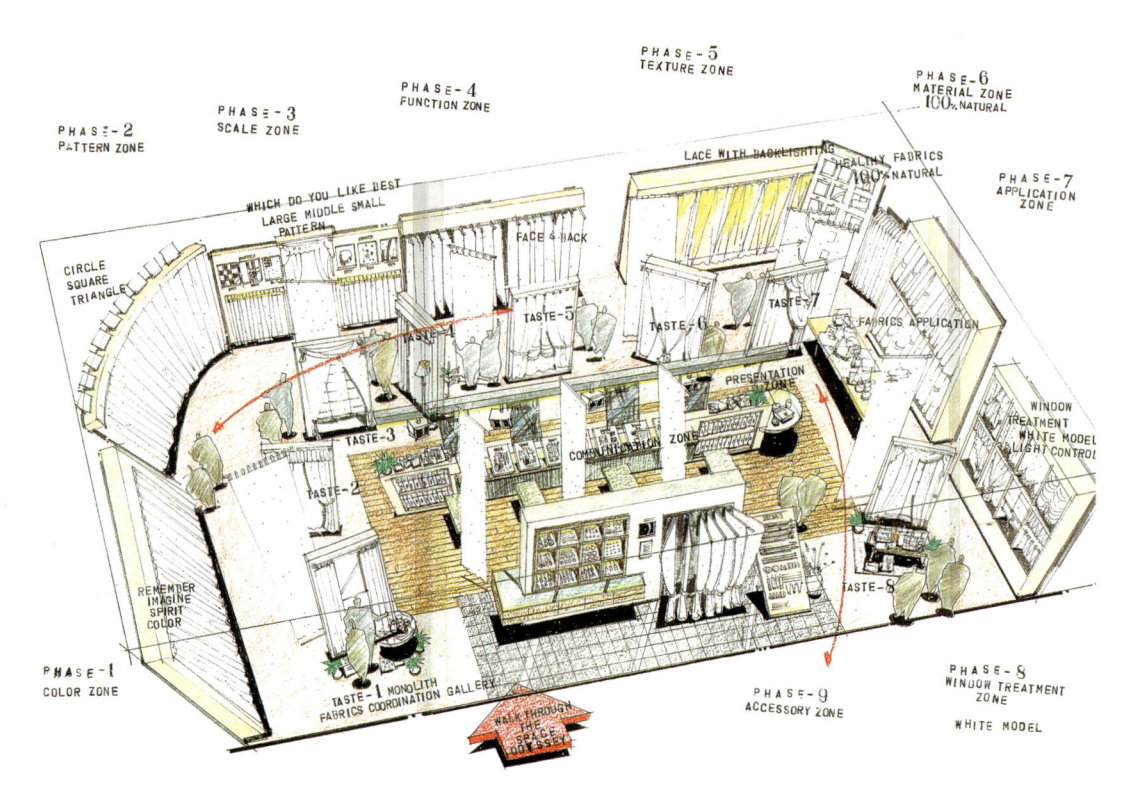

図64　イメージパース　廣野敏之

トレーション（Illustration）といい、よく使われる表現である（図64・65）。

手段と方法

こうして的確にコンセプトを提示した上で、いよいよ計画案を発表するわけである。どういう意図でこの案がつくられているかは今まで十分にのべられてきたわけだから、今度は計画案そのものが魅力的で、独創的なものであることを理解してもらう必要がある。そのためには、わかりやすい図面や模型、パース、CGなど様々な方法で説明することになる。実際につくられる建物やインテリアデザインでは設計内容を説明するプレゼンテーションは設計行為の一過程にすぎないが、デザインを学習する上でのプレゼンテーションは最終成果物のひとつである。プレゼンテーションそのものがしっかりとデザインされている必要があるといえる。最近では特にコンピューターを使ってスライドショーと呼ばれる、紙芝居のようなプレゼンテーションもよく行われる。図面や模型も写真化し、時にはBGMなどもそえて印象的なプレゼンテーションが行われる。このように様々な方法でプレゼンテーションは行われるが、要は、どうしたらよりよく理解してもらえるか、説明を受ける相手の立場にたって考えられることが最も大切なことだといえる。

図65　スケッチパース　飯田公久

ケーススタディ

　ここでは都内に建てられた鉄筋コンクリート4階建ての住宅について、設計から竣工までの流れをおってみる。

□敷地概要
名　　称：T邸新築工事
建設場所：目黒区青葉台
主要用途：専用住宅
敷地面積：134.47㎡
用途地域：第1種住居地域
建 蔽 率：60%
容 積 率：214%（300%）
その 他：第3種高度地区、準防火地域、日影規制5-3時間

□建築概要
構造規模：鉄筋コンクリートラーメン構造地上3階、地
　　　　　下1階
建築面積：80.04㎡
延床面積：228.44㎡

□ 設　計：足立建築研究所
□ 施　工：バウ建設株式会社

○月○日
　T氏から電話。敷地の候補を3箇所ほどにしぼってみたので意見を聞かせてほしいとのこと。

　3箇所の敷地を実際に訪れて、周囲の環境や法的規制による建築の制限を検討する。
敷地1：青山の高台で眺望良好だが、全面道路が狭いのと、敷地自体が狭小でクライアントの駐車場2台という要望を考えると難しい。敷地2：目黒。幹線道路から少し入ったところで、面積も十分だが敷地形状が悪く、有効に使える部分が少ない。周囲の印象がやや暗い。敷地3：青葉台。面積が小さいこと、高台になっているために土工事にコストがかかることなどはあるが、環境もよく候補としては有効。その旨を報告し、法的に実際にどのくらいの建物が建てることができるかの検討に入る。

○月○日
　検討の結果、4階建て程度のボリュームが確保でき、およそ80坪程度になるであろう住宅がぎりぎりで建てられそうであることがわかった。

　建物を建てる敷地には様々な法的制約がある。一般には用途地域といわれる地域の指定があり、それにより地域によっては建設できない用途の建物も存在する（例えば住宅は工業専用地域には建設できない）。また建蔽率、容積率など建物の規模の制限、前面道路からの斜線制限など高さの規定もこうした地区地域の指定によっている。こうした敷地の条件は建築法令関係でも基本中の基本であり、計画が進んでからでは後戻りできない重要な内容となる。たとえインテリアデザインを主にするものでも、こうした敷地にまつわる制限の概要程度は知っておく必要がある。

○月○日
　クライアントが青葉台の敷地に決定。以降、本格的な設計に入ることにする。クライアントの要望をまとめてみるとおおよそ次の通りであった。
・将来1階部分を歯科診療室にしたい。完全予約制なので広い待合室は必要ない
・駐車場は大型2台を確保したい
・子供室は1、他に予備室（将来診療室に変更可）、ゲストルームを持ちたい
・建物イメージは内外コンクリート打放し、金属とガラスのシャープなイメージ。木の感覚はあまり好きではない
・工程的に翌年の6月には入居したい

　まず、クライアントの希望を十分聞き出すことから始まる。時にはその希望は実現するのに難しいこともあるし、またあまりに現実的すぎることもあるだろう。こうしたクライアントの生活感にプロの設計者としての生活感をミックスし、あらたな暮らし方を考え、デザインしてゆくのである。

○月○日
　試案の提出。

計画値にどの位の規模のものが建つか、その結果、部屋の大きさ、住まい方のイメージなどを聞きだすための試案提出。リビングはなるべく大きく（できれば三十畳ほど）、駐車場は2台とも屋根をもうけること、キッチンは独立型（ダイニングと一体でなく）でもちたいことなど、細かな要望がでた（図66）。

○月○日
　計画案、第2回提出。
先の要望を満たしながら、やや空間構成のアイデアなどを盛り込んだ案を提出。さらに、話し合いをすすめる。

　問題解決の答えは決してひとつではない。いくつもの案を検討し、互いに納得がゆくまで話し合う必要がある。

○月○日
　こうした、案の提出と、話し合いを何度か進め、おおまかの方針がでる。実際の設計へむけて、構造設計、設備設計のエンジニアとも連絡をとり、架構方法、設備システムの選定など話し合う。構造は通常の鉄筋コンクリートラーメン構造、但し、内外打放しを考慮して、壁圧は十分に確保すること、設備的にも床暖房を積極的に採用することなどを決める。

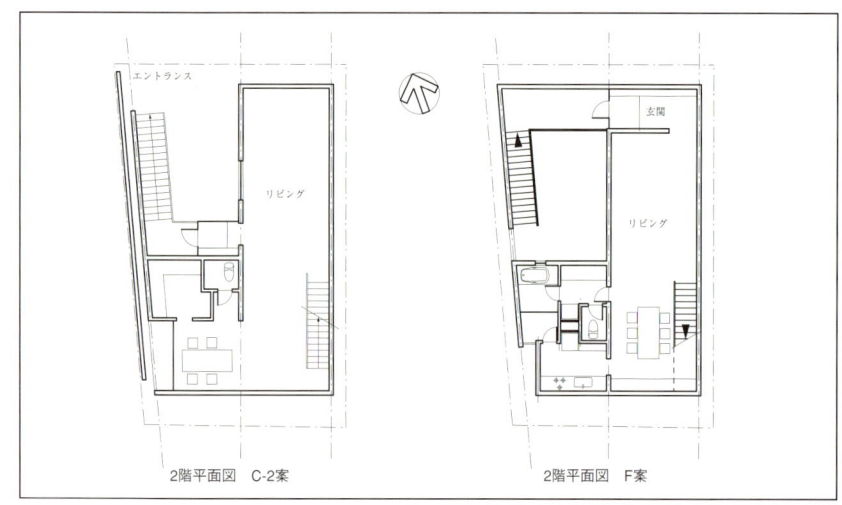

図66　計画試案

図67　立体図レンダリング

図68　配筋検査

図69　模型写真

図70　型枠と鉄筋

○月○日

インテリアの計画についても本格的に話し合う。クライアントの好みを考えて、今回は木の家具を使わずに、金属とガラスを使った造作家具を使うことにする。クライアントと実際にショールームを回ったり、使用する材料を決定したりと頻繁に交流することが多くなる。

機能的な使い勝手の面で何度も打ち合せが必要になるのは、主にキッチン、浴室などの水回りが多いようである。冷蔵庫の位置、シンクのタイプ、収納など使う人によっての好みがまちまちであることや、多機能な機器類の選定、それらをデザイン、コストとのバランスを考えながら決めてゆく。カタログだけでなく、クライアントとともに実際のショールームで体験してみるなども大切である。

○月○日

規模により近隣説明を必要とする建物となるため、近隣にあいさつ、日影図等の書類を役所に提出する。

○月○日

確認申請提出。

建物を建てようとするときは主に建築基準法に基づく内容の審査が必要となる。建物の種類や規模によって必要な図面は異なるが、敷地と建物規模、用途の制約、構造、安全、避難など多項目にわたり管轄の役所が審査する。確認申請の提出は設計作業のなかの主要な業務のひとつである。インテリアについても、開口部の大きさ、内装材の種類などチェック事項は多岐にわたる。

○月○日

施工業者を4社ほど、選定し、図面、仕様書により見積もりを依頼する。

○月○日

A業者に決定。施工上の注意点、工程計画、施主の意向など細かく打ち合せを行う。

設計図と仕様書で工事がいくらかかるかを算出することを見積もり、（積算）という。何社かの工務店やゼネコンに図面を渡し、それぞれいくらで工事ができるか算出してもらい（見積もり合わせ）、できるだけ安く、かつ安心して工事を依頼できる業者を選定する。

○月○日

地鎮祭。

着工前に土地の清めと工事の安全を祈願して行う主に神式の式典である。建築の工事の間にはその他、上棟式（建物の構造体が完成した時期）、竣工式（完成時）などのいろいろな儀式がある。

○月○日

躯体工事完了。構造体がそのまま仕上げとなる打放し仕上げのため、コンクリート工事に十分時間をかけたために工程的に大きく遅れている。仕上げ、家具工事などを含めた全体工程を再度見直す。

工事中は設計図通りに工事が行われているか検査を行ったり、またうまく収まらないところは、相談して修正してゆくなど、設計者も細かな、迅速な対応が必要となる。

○月○日頃

床や天井等の内装工事、家具工事、手すり等の金属工事などが、時間毎のスケジュールで同時に進行する。細かな指示、打ち合せを必要とする時期でほぼ毎日のように現場に通う。

○月○日

最後は厳しいスケジュールだったが、検査も終わり工事竣工。クライアントの引っ越しを待つ。

建物ができ上がると、業者の社内検査、設計事務所の検査、役所の検査、クライアントの検査など、建物がきちんとできているかをそれぞれの立場で確認し完成となる。

図71　T邸
足立建築研究所　撮影：古館克明
上段／左：外観　中：階段　右：居間
下段／主寝室

写真提供・協力：
図2／世界文化社
図7・8・18・27・31・38・39／新建築写真部
図12／大徳寺　孤篷庵
図20・21／『京都町屋　色と光と風のデザイン』（1999年）　吉岡幸雄著　講談社
図26／中近東文化センター
図33・34／『建築史』（1999年）　藤岡通夫著　市ヶ谷出版社より転載
図36／『コンパクト建築設計資料集成〈住居〉』（1991年）日本建築学会編　丸善株式会社より転載
図37／フジサンケイリビングサービス
図40／株式会社インターオフィス
図41／コクヨ株式会社
図42／株式会社サンユー
図44／株式会社良品計画
図45／『西洋建築入門』（1974年）　森田慶一著　東海大学出版会より転載
図47・53・54・55／トヨタウッドユーホーム株式会社

第3章　エレメントとしてのインテリア

エレメントの領域

　インテリアの意味は建物の中にある空間を示し、架構と覆いという建築的要素、すなわち柱・壁・床・屋根によってつくられた空間をいう。そしてインテリアエレメントとはその生活空間を構成する要素を意味（element：要素、成分の意）し、家具や照明器具やファブリックなどがある。中でも家具と照明器具の占める割合は大きい。

　家具や照明器具には、建築一体型要素と独立型要素との2つに区分でき、前者は建築躯体と一体になるつくり付けまたはビルトインといわれるタイプで、後者は置き式タイプである。それらの存在により空間構成が成り立つ。今日では、後者をインテリアアクセサリー（工芸品やグリーンなどの生活用品）を含めてインテリアエレメントと称している。

　住みよいインテリアとするには、いろいろなものの助けを借りなければならない。人が機能的で便利な、そして美しいものに恵まれた生活を望むのは自然のことである。そのために生活空間を前提としてデザインされるインテリアエレメントは、昔から愛用されてきた。今日ではその多くが工房や工場で生産され、デザイン的要素の重要性が認知されている。

家具（家具の役割）

　家具は私たちの生活行為と生活空間とを結びつける道

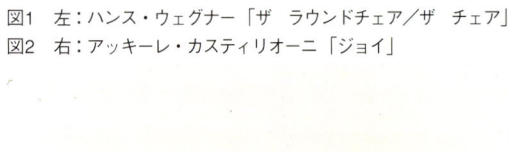

図1　左：ハンス・ウェグナー「ザ　ラウンドチェア／ザ　チェア」
図2　右：アッキーレ・カスティリオーニ「ジョイ」

具であり、生活行為を快適で効率よいものにし、生活空間を心地よく、住みやすくするための重要なインテリアエレメントである（図1・2）。

私たちの生活行為には食べる、学ぶ、くつろぐ、作業するなどがあり、その目的に応じた様々な家具があり、区分けがある。

体に直接触れ身体を支える椅子やソファーやベッド（人体系家具）、作業をしたり物を置いたりするためのテーブルやドレッサーやワゴン（準人体系家具）、物を整理・収納する箪笥や戸棚やロッカー（建物系家具）などと、機能面で分類する方法が一般的である。他にも和風・洋風といった住居形式や、住宅や学校、事務などの用途分類といろいろな家具分類方法がある。

今日私たちが使用する家具の多くは洋風の家具であるが、これは戦後日本の生活様式が急速に洋風化されたためである。欧米型の住居は、各部屋に適応する家具があって、それぞれの部屋の役目を果たしている。例えば、居間にはリビングセットの家具が、寝室にはベッドや洋服タンス、食堂にはダイニングセットが置かれて目的の部屋ができ上がっている。それに比較し、戦前の日本住居の多くは床座式の居住様式で、椅子やベッドの役割を畳が果たし、収納は押し入れが、置物や書画展示などは床の間に置かれて…と、いわゆるノーファニチャー的な独特の住居様式であった。このように家具は居住様式や文化の違いから、異なった様式・スタイルを発展させた。ことに椅子座式の欧米では家具との結びつきが強く、多種多様な家具が生まれた。今日、家具というと西洋の家具を示し、和家具は特別な家具とされつつある。

今日の生活が洋風化したとはいえ、日本古来からの伝統的文化、慣習もまだ残っている。住生活に「洋」と「和」の折衷スタイルが取り入れられ、それらはフロアーリビングやコタツライフといった新しい暮らし方と家具を出現させてきた。日本独特の新しい展開といえる。

照明器具

人はものを見るために光を、あかりを必要とする。あかりを用いた最初は古代50万年前といわれ、洞窟内を照らす焚き火であった。昔から1日の半分を占める夜をいかに過ごすか、永い年月をかけ知恵と工夫を重ね人類はあかりの道具を開発してきた。今日では"電気によるあ

図3　ポール・ヘニングセン「PH5」

かりの道具"照明器具を用いての生活である。

照明の目的は、安全のための明るさを得ること、視作業（行為）のための明るさを得ること、そして目的に合う雰囲気を演出することである。また健康で害のない有効な光であることも忘れてはならない。安全で目に優しい健康的な照明は健常者だけでなく高齢者やハンディキャップをもつ人々や、幼児にとっても不可欠である。

照明器具には用途や目的に応じて様々な製品があり、その分類方法も多様である。それは私たちの生活行為（シーン）が食事や就寝や読書など多種多様であり、そこに最適なあかりを望むからである。分類方法には、光源別や様式別や素材別などがあるが、一般に普及しているのは形態（器種）による区分である。この形態分類の主な器種に、天井に吊り下げる器具のペンダント（図3）やシャンデリア、直接取り付けるシーリングライトや埋め込むダウンライト、そして壁面用のブラケット、床や机に置く器具のスタンドがある。他にもスポットライトやポール灯、庭園灯などがある。

快適な照明環境を創出するにあたって、光を演出する道具である照明器具を理解することは大切である。

ファブリック

ファブリックとは、本来編み物や織物の意であるが、今日では布を用いたインテリアエレメント全般を示している。その代表的対象物としてカーテンや敷物（カーペット）、壁クロスがある。また、家具と関連する椅子張り布地やベッドカバーのベッドスプレッド、さらにテーブルクロスなども含まれる。スタンドのシェード布やソファークッション、布製ロールブラインドなどもファブリックの範疇になり、多種多様の役割や製品がある（図4）。

例えば、ファブリック製品の代表であるカーテンの役割は、光や視線をさえぎるだけでなく外気温との調整機能にも有効である。もうひとつの代表製品カーペットは、床面に敷くことにより防寒や音の吸収による衝突音を減少させ、感触性や踏み心地をよくし住居性を高めている。カーテン・カーペットともに、視覚的にも感触的にも柔らかさと暖かさがあり、快適で安全なインテリアをつくり出す効果がある。

ファブリックの分類方法には製品、素材、製法と3つがある。製品による分類はカーテンやカーペットなどの製品区分けを示し、素材分類とは綿や麻やナイロン等の繊維素材による区分け方法を示している。そして、製法分類とは織り物や編物などの織り方による分類方法をいい、フェルトや不織布や皮革は「その他の製法」として、この製法分類に含まれてい

図4 カーテンとベッドスプレットの部屋の写真

る。尚、インテリアエレメントのファブリック分類は、製品ごとの対応が一般的である（図5）。

生活用品

私たちは多くの生活用品によって支えられている。戦後私たちの生活環境は大きく変化し、生活スタイルも生活観も価値観も変わった。生活用品も時代の要求に伴い、"①生活基本用品"としての家具調度品から、"②家事労働の軽減化や快適生活追求のための便利用品"、さらには"③趣味や好みの嗜好品等"へと適応多様化した。①はインテリアエレメントとしてよく知られている家具・照明器具・カーテン・カーペットなどである。②の便利用品には傘立てや安楽椅子や洗濯機や冷蔵庫、掃除機など家電品や空調機器が該当する。そして③の嗜好品は絵画や観葉植物などである。

建築的観点からの生活用品（建築一体型用品）も私たちの身の回りにある用具である。建具のドアや窓、襖や障子、階段、厨房器具のレンジやフード、衛生器具の便器や洗面・バスユニットなどが該当する。建具と関連する鍵や取っ手も生活用品の一部である。

最近、高齢社会に対応する生活用品（起立補助椅子や電動リフター）も揃えられ、私たちの生活の回りには新しい時代に適応する生活用品が誕生している。

建材

建材とは建築物を構成する材料のことで、日本では長い間、木構造の建築が主体でその主要材は木材であった。また内装も木材が多く使われ、建材と内装材とはほぼ一体であった。今日では超高層建築やプレハブ住宅などの建築工法が増え、それに伴う最適な建築材が用いられるようになった。内装材と建築材との区分である。特に建築構造材には、外力（荷重・地震・風圧）への強さや対候性をもたせ、インテリア内装材と区分した。構造材ではない建材については、建築内装材と建築外装材とに区分けしたりしている。しかし、最近の建築物には構造材の柱や壁がそのまま内装材になったり、コンクリート壁がそのまま外装壁であり内装壁であったりと、区別がなくなってきており、建材とインテリア内装材の仕切りがなくなってきている。

一般的に、建材は施工の違いにより構造材と仕上げ材に大別されており、その建材には木材、集成木材、コンクリート、コンクリートブロック、プレストレスコンクリート、鋼材、石、レンガ、タイル、ガラス、さらには紙や布の壁装材、左官壁材、床材や天井材や瓦など多彩である。

最近、新建材が多く出現、その中に含まれる化学物質への過敏症が問題視されている。シックハウス症候群という。健康で安全なインテリア空間づくりには建材知識の習得も必要である。

大項目		小項目
1	家　具	1　椅子・ソファー・ベッド
		2　机・テーブル・ドレッサー
		3　収納家具
		4　家具部材
		5　その他
2	照明器具	1　天井照明器具
		2　壁照明器具
		3　置き照明器具
		4　ポール灯・庭園灯
		5　その他
3	カーテン 壁装飾	1　カーテン・ドレープ
		2　ブラインド
		3　シェード
		4　カーテンレール
		5　その他
4	敷　物	1　カーペット
		2　じゅうたん・だんつう
		3　マット
		4　たたみ・ござ・籐
		5　その他
5	壁　紙	1　ビニール壁紙
		2　織物壁紙
		3　無機質壁紙
		4　木質系壁紙
		5　その他
6	ベッド類	1　マットレス
		2　フレーム
		3　その他
7	寝具・リネン	1　寝具
		2　リネン・ベッドスプレッド
		3　その他
8	インテリア アクセサリー	1　美術品・骨董品
		2　工芸品
		3　インテリア雑貨
		4　グリーン関係
		5　その他
9	インテリア金物	1　家具用金具
		2　建具用金具
		3　その他
10	その他	1　間仕切り
		2　浴槽（バス・ユニット）
		3　便器・洗面器
		4　システムキッチン
		5　防災器具
		6　電気製品
		7　その他

図5　インテリアエレメントの分類（インテリア産業レジスターブック商品分類表を参考にして作成）

歴史から学ぶ

　日本のインテリアは木と紙でつくられている、といわれた時代が長く続いた。北から南へ細長く繋がる国土には豊富な木々緑に恵まれ、インテリアの柱、障子、床板、畳、天井に植物素材が使用されていた。

　仏教伝来と共に仏教建築が移入され日本風土の中で日本人に適する住まいづくりが形成されてきた。木を使っての住まいである。寝殿(しんでん)造りも書院造りもそれから発展した数寄屋(すきや)造りも木質（杉、ヒノキ、桐）の空間であった。そして日本のインテリアは木の建具により構成された、家具といえるようなものはさほど必要としない生活スタイルであった。

　ヨーロッパのインテリアは石とレンガでつくられている。天井や屋根などは木で組まれていることも多いがインテリアの主要材は石である。厚いレンガや石で囲まれたインテリアでは体に硬く冷たい。インテリアに椅子、テーブル、ベッド、ソファーなど様々な道具を使うようになるのは自然である。

　時代は明治になり、日本の伝統的住スタイルにヨーロッパ文化が組み込まれ、椅子やテーブルなどの家具が使われるようになる。文化の交流である。新しい文化移入は昔から生活に変化を与えてきた。

日本の生活と家具

　私たちの住まい方は、気候・風土・伝統の違いによって、また、時代によって変わるものである。日本の建築やインテリアも外国文化の影響を受けつつ、日本住居スタイルを形成してきた。

　古代には稲作文化が流入し高床式住居を形成した。奈良時代には仏教の伝来とともに仏教建築物が建てられ、平安時代の貴族住宅・寝殿造りへと受けつがれていった。この寝殿造り室内は天井と壁のない柱空間で、床は板張りであった。柱は丸が主で、野外との遮断は蔀戸(しとみど)で、室内を区切ったのは屏風や竹や葦などを編んだ簾(すだれ)や現代のカーテンにあたる壁代(かべしろ)や几帳(きちょう)であった（図6）。蔀戸とは格子の裏側に板を張り、外、または内に押し上げて開く水平軸の板戸のことで中国からの渡来といわれている。蔀戸をおろすと室内は真っ暗になった。当時用いられていた照明具は、油皿の灯芯を燃やす灯台であった。

　寝殿造りの家具調度類は屏風や壁代などの間仕切り、板張りの床に置く畳や現代のミニマットにあたる「しとね」などの座具、そして厨子(ずし)と呼ばれる開き戸の付いた棚やひつぎなどの収納具や食事用の食卓などであった。

　中世になると、公家社会から武家の支配する時代になり生活様式に変化が生じた。中国の宋から新しい禅宗も導入され、封建社会の武家社会が確立されていった。住居形式は寝殿造りから武家造りへ、室町時代末には書院造りへと移り変わっていった。

　公家の寝殿造りの中心は広いスペースの板張り床の寝殿であったが、書院造りになると室内は区切られ、各部

図6　源氏物語絵巻　東屋（一）
徳川美術館所蔵

屋は自由に配置され、全体に畳が敷かれた。座敷と呼称される広間が中心となり、部屋の間仕切りには障子や襖が用いられた。座敷の正面には床の間と違い棚があり、そして床の間のわきに読み書きをするための出文机を配置した書院が造作された。床の間は書院造りの特徴であるが、他にも住むための機能を重視した家具・調度品等の装置化がみられた。敷物として畳を敷きつめ、天井を張り、さらに建具との間を埋める欄間など住装置が発達した。今日私たちがイメージする和風意匠のひとつ、座敷飾りスタイルの原点である。

近世の初め、安土桃山時代に茶の湯が流行し、茶室という空間をつくり出した。そして江戸時代には茶室と書院造りが融合し、桂離宮（図7）に代表されるような数寄屋造りの住居様式が完成する。数寄屋造りは「数寄」（好み）の意味のごとく、多様なる意匠を極めた造作で自由な住宅形式であった。そのため、家具・調度品や建具の意匠は豊かになり、洗練された美しさが求められた。鏡台や、簞笥や刀掛け、膳などの新しい形態家具も出現したのも近世である。

この頃になると夜の生活文化が発達し、照明具も多様化し、行灯や石灯籠の意匠が豊富になった。

町人文化が全盛をきわめ、民家のスタイルが形成された時代でもあった。中世の京都繁華街に出現した二階建て民家スタイルが、江戸中頃には全国の町屋に普及し、時には三階屋も建てられるようになった。地方の農家においても土間や板敷きの囲炉裏の間だけでなく、畳敷座敷や床の間、さらには書院を構える数寄屋造りも普及していった。

今日、私たちが和風住空間といっている住形式はこの時期の数寄屋造りが原形となっている（図8）。

現代では、伝統的日本の住形式の家は少なく、洋風の住宅が主流であり部屋も洋風がほとんどである。

日本人の生活スタイルは明治以降徐々に洋風化し、さらに第二次世界大戦後大きく変化した。欧米並の近代国家や先進国水準の住環境をめざし、座居スタイルから椅子式の洋風住宅化（図9）がすすめられ、間取りも家族本位でプライバシー確保のできる住居形式になった。この洋風化により、日本の伝統的な家具調度品は急速に減少してしまった。

昨今、伝統的日本家屋の住居スタイルやその家具調度のよさが再認識される傾向で、新たなる和空間や和のインテリアエレメントづくりが試みられている。

図7　桂離宮・松琴亭　一の間より二の間を見る　撮影：岡本茂男

図8　畠山博茂流芳庵（草庵風現代数寄屋座敷）
撮影：本木誠一

図9　現代の住宅例

世界の生活と家具

「家具の歴史は人間生活の歴史でもある」といわれ、古代から今日まで世界中で多様な家具がつくられ、使われている。

一古代～中世一

古代には家具の代表ともいえる椅子が出現する。古代生活の基準は神殿であり、神殿のための椅子や机がつくられた。これらは王や貴族や僧が座した権威を表す道具で、身分の低い民衆はしゃがむか背もたれのない単純なスツールしか使用できなかった。王や貴族は神の次に偉大な存在で、彼らの椅子に権力を示す動物が多用されていることもその証である。

ローマ帝国崩壊後の中世の家具のうち、ビザンティン様式やロマネスク・ゴシック様式は古代同様、国王など権力者のための家具であった。それぞれの建築意匠と同調した頑丈で禁欲的な家具である。15世紀になると、キリスト教徒と封建諸侯による支配体制から人間性復活を求めるルネッサンスの時代になる。ルネッサンスとはイタリア語の「リナシタ」に由来し「再生」を意味し、人間性復活の運動であった。都市の富裕な貴族たちはパラッツオと呼ばれる石造りの宮殿のような邸宅を建て、古典様式（ギリシャ）で装飾した。家具は華麗な曲線や深い彫刻や象眼が施され装飾的であった。

ルネッサンスの後、バロック・ロココなど装飾性重視の宮廷様式（図10）が続いた。一般民衆のための家具が出現するのは、19世紀になってからである。

宗教に関連するクラシック家具に、権威の象徴でないシェーカースタイルがある。18世紀半ば、イギリスからアメリカ大陸に移住したシェーカー教徒たちが開発した家具で、機能的で簡素なデザインは今日でもリデザインされ実用されている（図11）。

一近代～現代一

18世紀後半にイギリスで始まった産業革命は、それ

図10　ベルサイユ宮殿・GRAND TRIANON内の寝室
撮影：Adam Woolfitt

図11　シェーカー家具

図12　ミヒャエル・トーネット「サイドチェア」

図13　チャールズ・レニー・マッキントッシュ「ヒルハウス1」

までの手づくりで高価な貴族や権力者のための少量生産から機械による工場生産の方式となり、安価で求めやすい家具が出現した。一般大衆のための量産家具誕生である。その代表例として、トーネットの曲木家具がある（図12）。もともと王侯貴族の家具であったが、曲木技術の機械化で大量生産が可能となり安価で使いやすい家具として大衆に普及したのであった。しかしトーネットのような家具事例は少なく、機械による大量生産家具は過去のクラシック様式を表面的に模倣した過飾デザインの俗悪製品を大量に生み出した。このような過剰な人工的装飾をやめ、自然から得られる感動をモチーフにした実用品追求の運動がイギリスで生まれた。アーツ・アン

図14　マルセル・ブロイヤー「ワシリー」

図15　ルードヴィヒ・ミース・ファン・デル・ローエ「バルセロナチェア」

図16　チャールズ・イームズ「ラウンジチェア」

ド・クラフト運動である。イギリスから遅れて産業革命展開中のヨーロッパ諸国に影響を与え、アール・ヌーボー、ユーゲント・シュティル、ゼセッションなど新様式を誕生させた。これらの新運動の代表作としてモリス商会のサセックス・チェアや、エミール・ギャレの飾り棚、ヴァン・デ・ヴェルデのデスク、マッキントッシュのハイバックチェア（図13）などがある。

近代初めの19世紀末から20世紀初めにかけては、新しい形態を追求することで過去のクラシカル様式と決別しようとしていた。しかし、その斬新な形態追求のあまり、家具本来の機能や構造が無視され、機械化や量産には不適なデザインも多く、機械による量産とそのためのデザイン革新が模索されはじめた。

1919年、現代デザイン思想のルーツといえるバウハウスがドイツで創設された。バウハウスは材料研究と合理的造形美を追求するデザイン学校で、機能主義というモダンデザイン理論を実践していた。マルセル・ブロイヤーのパイプ椅子（図14）やミース・ファン・デル・ローエのバルセロナチェア（図15）など代表作が産出された。バウハウスから多くのデザイナーが輩出され、そして全世界にバウハウスの近代デザイン理念は広がり実践されていった。

一方、量産化の造形美追求は、新素材と技術によるアール・デコ様式をフランスで誕生させ、世界一の経済大国になったアメリカに伝播し成長していった。

その頃、北欧ではデンマークを含め4カ国それぞれにインテリアや家具の近代化が進められていた。そして第二次世界大戦後、機能と近代的美しさを兼ねそなえている北欧デザインはスカンジナビアモダンデザインとして開花したのであった。

第二次世界大戦後、世界の家具はそれぞれの国のモダンデザイン活動の中から誕生してきている。チャールズ・イームズの椅子（図16）、ハンス・ウェグナーのピーコックチェア（図17）、アルネ・ヤコブセンのアントチェア（図18）、ジオ・ポンティの小椅子（図19）、エーロ・サーリネンのチューリップ・ペディストル・チェア等々である。

図17　ハンス・ウェグナー「ピーコックチェア」

図18　アルネ・ヤコブセン「アントチェア」

図19　ジオ・ポンティ「スーパーレジェーラ」

図20　オットー・ワーグナー「ウィーン郵便局の椅子」

あかり（〜中世）

　煌々と夜にあかりが灯り、家々のすみずみまで明るく照らされるようになったのは近年、特に20世紀後半になってからのことである。

　18世紀まで世界中の夜は特に暗く、静寂の闇であった。中世の町や村は夕暮れになると夜に対する準備を整え、人々は家に戻り、扉に鍵をかけ門（かんぬき）をおろし、すみやかに寝てしまうのが日常的で、夜のあかりは暖炉や囲炉裏のあかりで、他にはロウソクか有機油（獣油や草種油（くさたねゆ））を用いた灯具程度であった。高価であったロウソクを燃やして明るくできたのは、ほんの一部の権力者のみで、あかりは権力や富の象徴でもあった。

　18世紀半ばにイギリスで産業革命が始まり、世界に広がった。裕福な市民"ブルジョワジー"が出現し、貴族社会は崩壊し、社会が大きく変化していく18〜19世紀、あかりも新しい展開を見せた。18世紀後半にガラスホヤを用いたアルガン灯油ランプ（オイルランプの原形）が出現し（図21）、そして19世紀初めにはイギリスでガス灯が発明され、徐々に世界の大都市で使用されていった。1859年にはアメリカ・ペンシルバニアで大油田が発見され、灯油（植物油）ランプから石油ランプへと変わり、19世紀後半には世界中に石油ランプが普及するのであった。

　ちなみにガス灯のガスはコークス製造の石炭乾溜によって発生するが、その時の副産物として1886年、パラフィンの採取が可能となり、現代のパラフィンロウソク（今は石油パラフィンで製造）が誕生する。それまでのロウソクは蜜蠟（みつろう）でつくられていた。

　電気による最初のあかりは、1807年のアーク灯（図22）だが、広く一般に普及するのはエジソン電球が広く認知されはじめる1900年頃からである。電気のあかりといっても裸電球の電灯のことで、今日のような機能やデザインを考慮した照明器具が出現するのは20世紀になってからである。

　17世紀半ばから鎖国であった江戸時代、日本は独特のあかり文化を形成していた。はぜやうるしの"木蠟（もくろう）"からの和ロウソクや、ごまや菜種（なたね）の草種から植物油を量産化し一般使用するようになっていた。また、和紙を用いた行灯やちょうちんなど携帯性に優れた灯具もつくりだし、日本独特の優れたあかり文化を形成していた（図23）。

　開国の明治以降、欧米からガス灯、オイルランプ、石油ランプ、アーク灯、電球がほぼ同時期に輸入され、照明形態は灯具から電灯、そして照明器具へと急速に変わっていくのである（図24・25）。

図21　フランソワ・アミ・アルガン
「アルガン灯油ランプ」
（18世紀末のアルガン式ランプ）
神戸らんぷミュージアム所蔵

図22　アーク灯のブラケットの例

図23　小田原ちょうちんとロウソク入れ　図24　電灯

図25　「横浜のガス灯」
GAS MUSEUM　がす資料館所蔵

照明器具（近代～）

電気のあかりの歴史はまだ200年程で、電灯から始まる照明器具となるとわずか100年程度と短い。しかし、現代生活にとっては大切な生活必需用品として欠かせない存在である。

照明器具デザインのはじまり

電球の出現によって照明形態は大きく変わりはじめる。1879年エジソンが電球を発明、さらに発電機から送電システム、ソケットまでエジソンは発明した。このお陰で電球は急速に世界中に普及していった。1889年のパリ万国にエッフェル塔が出現、電気のあかりで燦然と輝くそのシンボルタワーは、パリの名物になった。まだ裸電球による照明であったが、電球は世界中に認知されていった。

照明器具デザインの歴史は、20世紀初めのアールヌーボー（図26）、その後のアールデコといった美術工芸運動に、工業製品量産化をめざしたP・ベーレンスのアーク灯器具とともに始まり、序々に今日の照明器具形態に近づいていくのであった。1919年開校したドイツ・バウハウスは1933年に閉校してしまうが、ここで行われた数多くの実験や試作は、様々な分野の現代デザインの原形を誕生させている。照明器具においても、1924年デザインのテーブルスタンドは素材特性や機能性を追求した傑作で、現在レプリカがつくられている（図27）。またバウハウス金属工房にてデザイン開発された「カンデム・テーブルスタンド」（図28）も、機能性と量産を追及した名作で、ヨーロッパ中で多くの人々に愛用された。

スカンジナビアモダン

1926年デンマークで発表になった「PHランプ」（デザイン：ポール・ヘニングセン）は光源工学を追求しグレア（眩しさ）をなくした最初の照明器具で、ノックダウン機構量産化器具でもあった（図29）。このPHランプは、後に世界の名作といわれる「PH5」（図3）の原形でもある。

1937年にはノルウェーのヤック・ヤコブセンがアームスタンドの基本形である「ラクソ」（図30）を発表している。バランススプリング機構によるスムーズな動きのアームスタンドとして、現在でも世界各国で愛用されている。

他にレ・クリントの折り紙シェードによるペンダント

図26　エミール・ガレ「ひとよ茸ランプ」
北澤美術館所蔵

図27　ヴェルヘルム・ヴァーゲンフェルト　テーブル・ランプ
「MT9 ME1」　宇都宮美術館所蔵

図28　マリアンネ・ブラント＆ハインリッヒ・ブレデンディック
「カンデム・テーブルスタンド」　ミサワホーム（株）所蔵

図29
ポール・ヘニングセン
「PHランプ　PH3/2」

シリーズやアルヴァ・アールトの金属ルーバーシェードスタンドシリーズなど、スカンジナビアモダンは美しく使いやすいヒューマニズムある様式として認知され今日に続いている。

アメリカモダン

第二次世界大戦後のアメリカは経済大国として建築・デザインへの影響を与えた。1950年代、60年代の高層オフィスビルや大型ショッピングセンターには、埋め込み蛍光灯やダウンライト、スポットライトなどのテクニカル照明器具が大量に使用され、工業生産を前提としたシンプルデザインの器具が展開された。

イタリアモダン

1960年代、70年代とミラノを中心とするイタリアモダンデザインが斬新な照明器具を発表し続けた。なかでもイタリアデザイン界の巨匠、アッキーレ・カスティリオーニの作品の数々は有名であり、大理石をベースにしたフロアースタンド「アルコ」（図31）や、自動車用ヘッドライト活用のアッパーライトスタンド「トイオ」や、フリスビー形のアクリル散光板ペンダント「フリスビー」（図32）などの名作がある。他にヴィコ・マジストレッティの「エクリッセ」や「アトッロ」も美しさと機能性をバランスよくデザインした作品である。他にJ・C・コロンボやマリオ・ベリーニ、リヤード・サッパーなど著名なデザイナーや建築家が名作を生み出している。

ポストモダンと多様性

1980年代初め、イタリアのエットーレ・ソットサスによるアヴァンギャルド的活動の、幻想的で非合理的なフォルムが展開された。モダニズムの反動であり国際デザイン界に反響を与えた。また、この頃、光源や素材や技術など新しいものが誕生し、混沌としながらも発展する80年代であった。インゴ・マウラー（ドイツ）のローボルトワイヤー器具「ヤ・ヤ・ホ」や、フィリップ・スタルク（フランス）の3本脚スタンド（図33）など多様な傾向であった。

省エネルギーとエコロジー

90年代になると光源は省エネ指向となり、蛍光ランプを活用した省エネ型照明器具の開発が盛んになった。光源のコンパクト化や、トランスのインバータ化で軽量化・小型化も追求され、さらにリサイクルへのエコロジー対策をも含めたテクノロジー開発が主体となっていった。

図30
ヤック・セコブセン「ラクソ」

図31
アッキーレ・カスティリオーニ「アルコ」

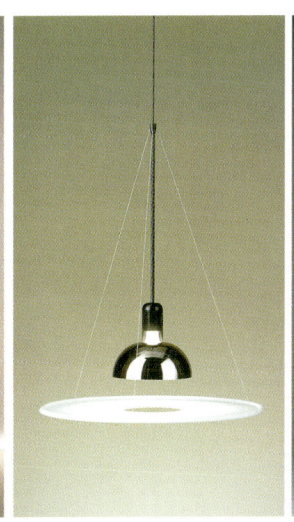

図32
アッキーレ・カスティリオーニ「フリスビー」

図33
フィリップ・スタルク「ロジー・エンジェリス」

日本人と照明器具

　日本人デザインによる照明器具としては、石井幹子の「スペースジュエリー」（図34）、倉俣史朗の「Kシリーズ」（図35）、本澤和雄の「サッツルーノ」、細江勲夫の「Hebi」など1970年前後からのモダンデザインが世界に認知されはじめた。それ以前の第二次大戦後復興期、日本の伝統的要素でデザインし絶賛を受けた照明器具にイサム・ノグチ「AKARI」（図37・38）と近藤昭作「竹」（図39）がある。イサム・ノグチはアメリカ国籍の日系2世で、日本のちょうちんをヒントにデザインしたその「AKARI」は、1952年のアメリカモダン全盛の頃発表され、現在も全世界で愛用され続けている。近藤昭作の「竹」は成型プラスチックと真竹の編み籠による新しい日本のあかりをつくり出したもので、1962年からつくられ続けている。

図34　石井幹子「スペースジュエリー」

図35　倉俣史朗「Kシリーズ」

図36　本澤和雄「サッツルーノ」

図37　イサム・ノグチ「AKARI」ペンダント照明

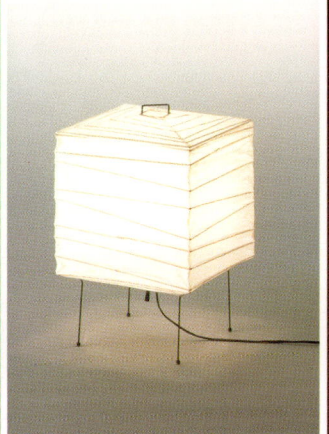

図38　イサム・ノグチ「AKARI」スタンド照明

図39　近藤昭作「竹」

ファブリック

人類の先史時代、住居は洞窟が主であった。人々はその洞窟入口部に安全確保や保温のために獣皮や草木の集成を吊り下げたり、洞窟内で防寒や避暑のための毛皮や草木を敷いた生活をしていた。

時の流れとともに人類は糸をつくり、織る技術を築き上げた。厳しい寒さの続く冬の北ヨーロッパなどでは、その織物を雨風を避けたり暖をとるために窓に吊した。そして、より使いやすく快適さを追求してカーテンが誕生したのである。

中央アジアやペルシャ地域の遊牧民族は、テントが居住空間であり、椅子などの家具は少なく大地に座居する生活である。羊の毛から糸をつくり、そして織物をつくり大地に敷いた。そこから保温や心地よい触感のカーペット（緞通）が生まれた。

織物には天然繊維と化学繊維とがある。天然繊維の発祥は古代文明の地でもあり、麻はエジプト、羊毛はメソポタミア、綿はインド（またはペルーインカ帝国）、絹は中国と各古代文明地域にて発展してきた。その発祥はカーテン・カーペットの誕生や展開とも関連が深い。

麻

ヨーロッパで発達し多用されたカーテン布地にケースメントがある。このケースメントは麻でつくられ、丈夫で太陽光にも劣化しにくくカーテン布地として適している。

麻はエジプトのナイルに誕生した人類最初の繊維で、紀元前にはすでにヨーロッパ全土に普及し使われていた。中世のヨーロッパで、最も使用料の多い繊維でありヨーロッパ織物の主流であった。

綿

綿は今日、世界最大生産量の繊維で、丈夫で安価でしかも染色性のよい布地である。発祥地はインドともペルーともいわれ定かでないが、世界の多くの国に伝搬し生産された。今日ではプリントカーテン地としても広く普及している。

絹

絹は5000年前（BC3000年頃）から中国で生産が行われた。そして絹の織物はシルクロード交易商品の中心産物であった。

絹は繊維の中で最も美しいといわれ、今日でも高級品として衣類に使用されている。しかし、インテリア用品としては太陽光に弱く普及しにくく、高級緞通（カーペット、絨毯）に用いられる程度である。

羊毛

カーペットとはラテン語で「毛を梳る」の意で、毛を櫛ですいたように柔らかい素材を意味している。羊毛織物の発祥はメソポタミアで、遊牧民の生活として羊を飼い、羊毛を紡ぎ毛織物をつくった。衣類用が主であったが、厚手の敷物も工夫してつくり、日用品として床に敷いていたのが緞通（カーペット、絨毯）へと発展していった。

西アジア（ペルシャ）で発達した緞通は、シルクロードを通って中国へ、コーカサス、東欧を通り、ヨーロッパやスカンジナビアへ、また、モロッコからスペインへと伝わった。

日本には、中国から伝来し緞通と呼ばれた。世界各地に伝搬した緞通（毛織りカーペット）はそれぞれの国々で特徴あるカーペットをつくり上げ、今日に至っている。ペルシャ、トルコ、コーカサス、インド・パキスタン、中国などそれぞれの産物となった。

化学繊維

化学繊維とは木炭・石炭・石油・天然ガスなどを原材料として化学的な方法で人工的につくりだした繊維で、19世紀になって発明された。

最初はレーヨンで、パルプからつくられ安価で加工性のよさからカーテンやテーブルクロスなどに適用された。

その後、石油化学の発達により、ナイロン・ポリエステル・アクリル等の合成繊維が開発され、衣料用だけでなくインテリア用にも利用されるようになった。耐摩擦に優れているこれらの合成繊維は、カーテン・テーブルクロス・カーペットと広く活用されている。

生活とのかかわり

生活のあり方は、人によっても時代によっても地域によっても異なっている。当然、気候や風土や伝統が違っていれば住空間や生活用具も変わるのは自然である。

近年、日本人のライフスタイルは大きく様変わりした。第二次世界大戦前と後での変容である。

ライフスタイルの変化には年齢や社会動向も関連している。例えば、少子化・高齢化の問題や女性の社会進出などである。それらはインテリアエレメントにも影響する。幼児期と高齢期とでは必要とする機能や嗜好も異なり、女性就労者が増えれば男性中心の職場環境は女性志向へと変容されるようにである。

最近のエレクトロニクス化もインテリアを変容させる要素で、生活を便利で楽しく清潔な空間づくりに役立つインテリアエレメントでもある。新機能製品などは、生活スタイルに変化を与えたりする。

このようにライフスタイルの要素は多様であり、住みよい空間・インテリアはそこで営まれる生活行為と密接に対応している。生活のあり方（ライフスタイル）の全体像を把握し、そして優先生活行為（シーン）に適応させることは大切である。

ライフスタイル

洋式と和式

日本の風土はヨーロッパと違い南北に細長く連なっている。国土の多くは高温多湿で豊かな緑に恵まれている。

そうした風土の中で形成された伝統的日本住居は、蒸し暑い夏を快適に過ごすことに重点が置かれている。木の柱を立て、草木で覆い、柱間には襖や障子が入っている。夏になって襖や障子をはずせば風通しのよい住みよい住居、それが日本の住まい形態の基本であった。

明治以降、欧米の文明文化が移入し、徐々に欧米化してきた生活様式は、第二次世界大戦後急速に洋風化した。服装や食べ物同様、インテリア空間も様変わりしていった。畳の和室が主流であった戦前から、フローリング（木製の床）やカーペット敷きの洋室主体のインテリアに変わった。会社やホテルなど公共的空間において欧米スタイルがいち早く定着し、家具・ファブリック等インテリアエレメントは洋風が一般化した。今では家具といえば、洋風家具を示し、日本の伝統的家具はわざわざ和家具と称し区別されているのもその表れである。

戦後半世紀の間に日本人のライフスタイルは洋風化したが、伝統的慣習や身体機能などそれほど変わるものではない。また最近、欧米における日本文化再認識の傾向もあって、床座生活のよさを取り入れた住まいやその生活用具が見直されている（図40）。

高齢化と少子化

日本は世界のどの国よりも早い速度で高齢化がすすんでいる。高齢社会とは全人口に対する65歳以上の人の比率が14%以上をいい、現在では17.2%（2000年9月）で国民の6人に1人が高齢者となっている。今後も高齢人口は増え続け、2025年には25%超となるという。少子化も急速にすすみ、国際的にイタリア、スペインに次いで出生率の低い国となっている。出生率が2.08人を下回ると総人口が減少するとされ、現在の1.34人は過去最低となっている。

体力や視力などが弱まっていく高齢者にとって安心して暮らせる生活環境は必要で、床の段差をなくしたり階段をゆるやかにし両側に手すりを付けたりと、各種の配慮を組み入れたバリアフリーのインテリアが重視されている。

バリアフリー（barrier free）とは「障害のない」と

図40　和室とフローリングリビングの事例

いう意味の和製英語で、住宅や街などにはバリアフリーの考え方を取り入れた事例（住宅や駅のエレベーター設置など）が増えている。

最近では高齢者や障害者へのバリアフリー志向から、「できる限りすべての人に利用可能な製品、建物、空間をデザインする」ユニバーサル・デザイン志向へ主流が移りつつある。立ち上がる動作を助ける起立補助椅子や、夜間足元を明るく照らすセンサー付き足下灯など、生活環境を安全で優しいものへと移行させ、できるだけ自立した生活を促進しようとするものである。

都市型と郊外型

近代は都市生活者を急増させ、集合住宅の生活スタイルを発展させてきた。特に20世紀後半になると団地やマンションなどの高層大型集合住宅が建てられ、郊外型一戸建て住宅との生活形態を対比されるようになった。特に単身生活者の多いマンションライフと、郊外に住む家族スタイルでは、その居住への要望条件は異なる。例えば、働く女性のワンルームマンションには、機能的コンパクトなシステムキッチン（図41）に家事労働軽減化の電気製品が組み込まれ、また帰宅後の休息用家具なども望まれる。自動乾燥機付き洗濯機や、食器洗い機など家事時間を短縮させる生活道具やリクライニング椅子などである。

郊外の一戸建て住宅では、高齢となった親との3世代ライフスタイルが増え、手すりや段差などに配慮する住空間となっている。一方、園芸や盆栽などのガーデンライフや料理や日用大工など家族で楽しむスタイルでもあり、そのための種々の道具が、生活用品として揃えられている。

家具環境

生活や行為によって使用家具は変わる。最適で使いやすい家具を望むからである。

椅子座スタイルの生活が伝統でもある西欧人は、家具に対する意識が高く、快適な生活の道具としていろいろ工夫してきた。このことは、親や祖父母の代から使われている家具を大事に手入れをし、使用している例からもうかがえる。さらに作業や休息の度合いに応じて、支持のしかたの異なるいろいろなタイプの椅子を工夫し、快適生活を行えるよう習慣的に考えるようになっている。西欧人にとって家具は体の一部のように、身についたものといえよう。

私たち日本人が椅子座スタイルを体験するようになったのは明治の文明開化以降であり、そしてそのスタイルを日常生活に取り入れるようになったのは戦後であるが、畳の和室がまだ主流で、家具と畳の混合の住スタイル時代であった。椅子座生活スタイルが定着し一般的になったのは最近のことで（まだ椅子座スタイルに馴染めない世代もいるが）今日、日本の住空間は椅子座スタイルが主流となっている（図42）。

日本の床座生活に大きな家具は少なかった。卓袱台、茶箪笥、長火鉢、座卓、座椅子、脇息、こたつ等、小物家具が多かった。これは武家社会で形成された書院造りとその生活行動（立ち居振る舞い）が起因していた。簡素で禁欲的であるべき武士の生活観は用を足す道具という機能的性格で、特に鎌倉から始まった関東武士の生活では、有事（戦）に具えるというものであったから、生活用具は必要なもののみに切りつめられ、動かしやすい小ぶりな家具であった。

戦後、経済大国になり豊かになった日本の住空間は"ウサギ小屋"から広い部屋で構成する住宅に変わり、洋家具を置いてもゆったりできるようになった。リビングルームにはソファーセットやサイドボードキャビ

図41　電化キッチンシステムの事例
ユミリー プランニング スペース　撮影：目黒伸宜

ネットを、食事にはダイニングテーブルや小椅子などが、寝室にはベッドと、それぞれの目的の家具が設置されるようになった。

照明環境

人は皆、昔から太陽光の変化に合わせて時間や季節の移り変わりを感知し、生活のサイクルを組み立ててきた。

朝、太陽が昇り始め一日が始まり目覚める。日が昇り、太陽の光が黄白色から青白い光に変化し人々の動きは活動的になる。太陽が一番高い位置に昇り白色の光が燦然と輝く頃、活動はピークに達し、そして夕日のオレンジ色の光を受ける頃、人々は落ちついた雰囲気になり活動は緩やかになる。暗い夜になると身体的にも精神的にも静止休息となる。何千年も前から培われてきた生活の身体リズムであり、一人一人がもつ体内リズムでもある。この太陽の「光の量と質の変化」は心理的に影響を与え、人間のサーカディアン・リズム（バイオリズム）を調整し、五感を快く刺激する。また光の量（明るさ）と質（光色）によって人は、陽気になったり、陰鬱になったり、情熱的に、躍動的に、そして幸福や安らぎを感じたりもする。

住まいでは、様々な生活行為がなされておりこの心理的影響を活用することは大切である。例えば、明るい光色が青白い蛍光灯の下では、気分も快活となり掃除や勉強や調理などに適する。適度の明暗のリズムある明るさで黄白色の電球のあかりは、食事や団らんに適する。それぞれの行為に最適なあかり（光の量と質）が欲しいものである。

図42　椅子座スタイルの部屋

空間とのかかわり

インテリア空間は壁・床・天井に囲まれているが、空間構成する壁・床・天井が発展展開しインテリアエレメントになったものも多い。例えば壁から、あかり採りや新鮮な空気の取り入れ口として窓がつくられ、入退室のための出入り口にはドアが、そして壁の凹凸が置き棚の代わりに、さらに大きな面積の凹凸壁面は収納スペースでビルトイン家具へと変化発展している。このように空間構成材がインテリアエレメントへと変化した事例を示したが、逆にインテリアエレメントで空間をつくり出したりする事例もある。空間を間仕切るスクリーンや衝立（ついたて）、空間を区切るように配置した背の高い置き式キャビネット家具等は、壁としての役目を果たし空間をつくり出す。このように直接的に空間とかかわるインテリアエレメントもある。

エレメントのシステム（ビルトインとユニット）

家族が生活の本拠として寝起きしたりくつろぐ場としての家、働くオフィスや工場、物販及びサービス提供の店舗やホテル、劇場やスタジオやスポーツ施設等々、多種多様の空間にはそれらに適するインテリアエレメントがある。

空間とのかかわりからインテリアエレメントを分類すると、①一体型（建築系）、②ユニット型（組み合わせ）、③独立型（単品）となる。①の一体型とは建築空間に合わせて建築部材と一体化を図るもので、ビルトイン式の収納家具や照明の建築化照明等がある（図43）。②のユニット型は一定の規格寸法を定めた一種、または数種の基本となる単位形態（ユニット）を組み合わせて変化がつくり出せるようにしたもの（図44）で、家具では食器棚やオフィスのシステムデスク、照明器具ではジョイントシステム器具等がある。ファブリックの両開きカーテンなども左右同じ組み合わせでありユニット型といえる。③の独立型とは、単純設置する置き家具や照明器具の単体使用できるもので、一般に多く使われている（図45）。ファブリックスのクッションやテーブルクロス等も該当する。

住空間のインテリアエレメント

住まいにはそれぞれの用途スペース（部屋）があり、その用途に適するインテリアエレメントが設置されている。

リビングルームは家の中で最も多目的な空間である。家族の団らんはもとより、テレビを見たり音楽を楽しんだり、読書や歓談もする。また、応接室として接客にも仕事にも使ったりする。このリビングルームにおいての主要インテリアエレメントは家具で、ソファやテーブルである。そしてこのリビングルームは一般的に家の中で最も窓面積が大きい部屋で、窓や窓装飾品のウインドートリートメントも大切なユニット型エレメントのひとつである。また、リラックスしてのコミ

図43　ビルトイン型のインテリアエレメント（クローゼットフルオープン）　図44　ユニット型のインテリアエレメント

図45　独立型のインテリアエレメント　　図46　ベッドルームの照明事例

ユニケーションには照明演出も大切で、明暗のリズムある照明は心地よい。いろいろなシーン対応できるよう配置した照明器具も大切なエレメントである。

最近のダイニングルームはリビング感覚で使用されるケースも多く、食後の団らんや接客の居間としてくつろぐことが望まれる。とはいえ、主要行為は快適なる食事であり、ダイニングテーブルと椅子は主要インテリアエレメントである。そして料理を美味しく映えさせる光源を用いたり、集う人々の顔が健康的で華やかになる照明器具にも配慮したい。ダイニングの照明器具はペンダントが一般的で、テーブル面上50～60cmの高さに設置し、食卓面で300～500ルックスの照度が適している。なお、食卓面は明るく中心感を与えるとよいが、大きなテーブルには小さめのペンダントを複数灯設置するのもよい。

住まいで最も長時間過ごすといわれるベッドルームのメイン行為は寝ることであり、主インテリアエレメントはベッドでありベッドスプレッド（ベッドカバー）となる。

他に着替えや衣類保管のためのミラーやタンス、クローゼットも挙げられる。安眠のための遮音や遮光調整の窓装飾品"ウインドートリートメント"も大切なインテリアエレメントである。寝室の照明は、安眠用として間接全般照明によるほのかなあかりが適する（図46）。なお、着替えや化粧などには500ルックス前後の部分照明が望ましい。

和室は洋部屋のような固定的家具が少なく、インテリアエレメントとして座卓や照明器具が挙げられる。押入れや天袋などはビルトイン式収納庫となり、床の間や床脇、書院などの本床と称される飾り棚や展示台はビルトイン型棚といえる。畳もビルトイン型インテリアエレメントといえる。

その他の部屋にもエレメントがそれぞれの特性に合わせて設置されている。

商業施設空間のインテリアエレメント

商業施設空間は一般的に店舗と呼ばれ、物品の販売はもとより技術や情報、サービスを需要者に提供し利益を得ることを目的とした施設空間をいう。

店舗空間を構成する要素は、住居の場合と同様で、建築一体型と内部構成型に区分できる。建築一体型とは天井ルーバーや空調・設備を意味し、内部構成型（非固定）には営業用の家具・什器類やショッピングカートやカゴなどの営業備品類、さらには展示品POPやユニフォームなど表示物類がある。

店舗空間におけるインテリアエレメントの中心は営業

用家具・什器である。業種によって形態や機能を加え、取り扱い商品に適応するよう特色をもたせている。また、飲食店などの厨房機器も大切なエレメントである。

照明器具もインテリアエレメントのひとつだが、店舗によってはシャンデリアやブランケットなど装飾用器具で空間演出効果を出したりしている。尚、ダウンライトや建築化照明用トラフなどは建築一体型として扱われる。特に店舗照明は演出に留意した照明計画が大切である。

商業施設で忘れてはならないのがサイン・看板である。非常口や手洗い表示などへの配慮も必要となる。

オフィス空間のインテリアエレメント

オフィスの業務形態が大きく変わりつつある昨今、オフィス空間のあり方も変容してきている。

オフィスが効率向上をめざし、パソコンとモバイルによって形態は一人一人の席を定めた日本特有の島型対向型オフィスからオープンスタイルに、さらには自分専用の机をもたず、皆で机を共有する（自分の業務道具を持ち歩いて一人あたりのオフィススペースを減らす）ノンテリトリアル・オフィスへと変革している。

オフィス空間の主要インテリアエレメントは家具・什器であるが、パソコンやモバイル機器への適応性あるオフィス家具でなくてはならない。電源コンセントやアクセス用接続端子が設けてあるデスク、パソコン業務に長時間使用しても疲れにくい椅子、さらにはノンテリトリアル・オフィスワーカーのための個人業務道具を保管するキャビネットなど、新しい機能や要素のある家具類がつくられ使用されている。

通信情報機器のある現代オフィスは照明や空調にも新しい対応が必要である。パソコン画面への光の映り込み防止の照明や、熱に弱いパソコン本体への高室温防止の冷房設備などである。また、多くの人が活動するオフィスには通信ケーブルが複走し、床下や天井裏などへの収納対応も考慮しなければならない。そして今後のオフィス形態は、新たなる情報機器を導入したクリエイティブ型オフィスが急速に普及すると予測され、新たなるオフィス動向に適応するインテリアエレメント誕生が創出されよう（図47）。

図47　ハーマンミラー社「リゾルブ」（写真　上下共）

エクステリアとのかかわり

インテリアの対語にエクステリアがある。家を取り囲む外部空間の意味である。このエクステリアはエリア範囲の大小（インテリアからの距離）によりプライベートなエリア、市民としての地区活動エリア、パブリックなエリアとに区分できる。それぞれのエリアの性格や範囲は違っていても、各々の空間には快適で安全に過ごすための道具や装置が存在し活用されている。それらをインテリアエレメントと比してエクステリアエレメントという。その主なるエクステリアエレメントにストリートファニチュアがある。

ストリートファニチュアという言葉は英国で生まれた。直訳すれば「道の家具」となる。日本では、歩行者道路のための家具あるいは道具と見なされているが、最近では道路わきなどに設置される諸々の施設（環境装置）と認識されつつある。つまり、私たちの住む街を住宅とみたてれば、ストリートファニチュアは街で生活するための道具であり、都市空間の構成要素でもある。これは住宅の"家具などのインテリアエレメント"と同じ存在といえる。

図48　信号機とポール灯とサイン　GK設計

ストリートファニチュアの分類

ストリートファニチュアは地域や風土や習慣によってその形態や機能が異なったりする。日本やイギリスでは人は右歩行、車は左走行であるが、アメリカや他のヨーロッパの国々などでは逆である。広告の方法なども日本の繁華街では種々雑多な看板やネオンなど無秩序に設置されがちであるが、ヨーロッパでは広告塔やショーケースなど上手く街の景観に収まっている場合が多い。このように差異はあっても人間が都会で生活する基本的条件は共通である。そして、目的や行為やその用途によって差別化区分される。下記の6つに区分し説明をする。

(1) 基本的なストリートファニチュア
歩行や走行の安全性を第一とした基礎生活的なストリートファニチュアで、信号機、ガードレール、車止め、電信柱や配電ボックス、マンホールのふた等を示す（図48）。

(2) 機能的なストリートファニチュア
屋外で活動する時の生理的及び身体的な行為をサポートするベンチや椅子、そしてシェルター及び屋外用のテーブルなどの休憩機能の場を形成する基本道具や、水飲みや手洗い、トイレ、ごみ箱や吸殻などの衛生的機能の対象物を示す。これらの道具によってつくり出される場は、活動的な街の動の空間と対照的な静の空間で、街に安らぎや安心感を与えている。ベンチは人間が直接使用し、憩い、語らい、読書や思考、さらに飲食もしたりと多目的利用の多い道具で、ストリートファニチュアの中でも代表的なファニチャアである。街路灯は夜間活動をサポートするもので、機能的ストリートファニチャアである（図49・50）。

(3) 移動のストリートファニチュア
交通系のストリートファニチュアのことである。バス停や地下鉄ゲートや駐輪スタンドなどの乗り換え時のものから、横断歩道や交通信号機や街路灯など通行安全や快適対象物を示す。最近では高齢者や身体障害者へのエスカレータやエレベータも対象となる。ペデストリアン

デッキや建築物と一体化のアーケードも含まれる。このアーケード（英語）はイタリアではガレリア、フランスではパサージュと呼称される。

これらは、街全体に関係するものであり、景観に適応するデザインが望まれる。

(4) 情報のストリートファニチュア

最新の情報系ストリートファニチュアは、情報技術発達により看板、サイン、標識などコンパクトに電子化され広範囲で使用されている。情報は人や車の交通を整理し、人々の行動を側面から支える道具として、重要な役割を果たしている。この情報系ストリートファニチュアはサイン・通信・案内の3つに用途区分される。看板や記念碑、各種サインなどのサイン、電話や郵便ポストなどの通信、電光掲示板や標識や時計などの案内である（図51）。また、情報伝達には視覚以外の聴覚や触覚などへの働きかけをする盲人用施設もある。

図49　ベンチとゴミ箱

図51　ポストと電話

図50　街路灯

図52 夜の街なみ、街路灯とショーケース

図53 夜間、ライトアップされた噴水

(5) 演出的なストリートファニチュア

イベントやお祭りなど冠婚葬祭時に行う飾り付け（お正月の門松や祝日の国旗掲揚や祭の幟(のぼり)など）や、街に潤いや癒し感を与える噴水や彫刻やプランターなどをいう。他に、植栽のグレーチングや植木支柱、そして欧米の都市歩道上に設置されるショーケースなどの特殊なものや、自動販売機や移動店舗、キオスクなどの街に活気を与えるストリートファニチュアも含めている。特に、自動販売機は人体サイズや人の動作から形態や大きさを決め、使いやすさや安全性を検討する必要がある（図52・53・54）。

図54 プラントケース

(6) 遊具的なストリートファニチュア

子供を対象としたストリートファニチュアで、公園に見られるブランコや滑り台などをいう。最近ではアスレチックや個性ある遊具も考案されている（図55）。

ストリートファニチュアは道路や歩道や公園などの公共的屋外施設に設置されるのが一般的であったが、最近ではテーマパークや郊外の大型ショッピングモール室内にも展開されている。また空港や駅ターミナル、各種スタジアム周辺エリア、さらには万国博覧会やオリンピックの会場など混雑が予想される場所等々、その設置空間は広がっている。

このように、ストリートファニチュアは都市を構成する重要な単位であると同時に、エクステリアで生活する大切な道具のひとつで、高齢社会や街づくりが提唱され

図55 滑り台　環研究所（大石博）「すべり台々」

社会資本の充実化を展開しつつある昨今、不特定多数の人たちが対象のこのストリートファニチュアはますます重視されている。屋外と屋内との違いはあるが、人体サイズをベースに行為や姿勢を考慮し、快適なる環境づくりをめざすのはインテリアエレメントと共通である。

人間工学とのかかわり

人体サイズと動作

人体サイズを理解しておくことは、生活行為のあらゆる対象に関連する事項であり、その人体サイズは人間工学の基本になる資料である。人体の大きさは一般的に身長・座高・体重などによって表示される。人体の頭部や手、足のサイズは身長と相関関係にあり、幼児期や少年期そして成人へと成長するにしたがい人体各部位のバランス比が変化する。

私たちの生活用具には人体と手足に関連するものが多く、手足のサイズやその動き等を把握しておかなければならない。サイズや動作は、年齢や地域や性別等によって違いがある。例えば、幼児期と青年期では大きさも器用さも違うし、女性と男性では筋力も異なる。さらに、生活用具の使い方も地域によっては異なる場合もあり注意が必要である。

作業の姿勢が正しいかどうかを知るには、次のような項目の分析的データにより、総合的に判断していくのがよいといわれる。動作の観察・動作範囲の調査・疲労部位の調査・疲労に伴う姿勢の変化・重心位置や身体各部の角度など人体力学からの分析・カロリー消費量・筋電図による分析・主観的判断である（図56）。

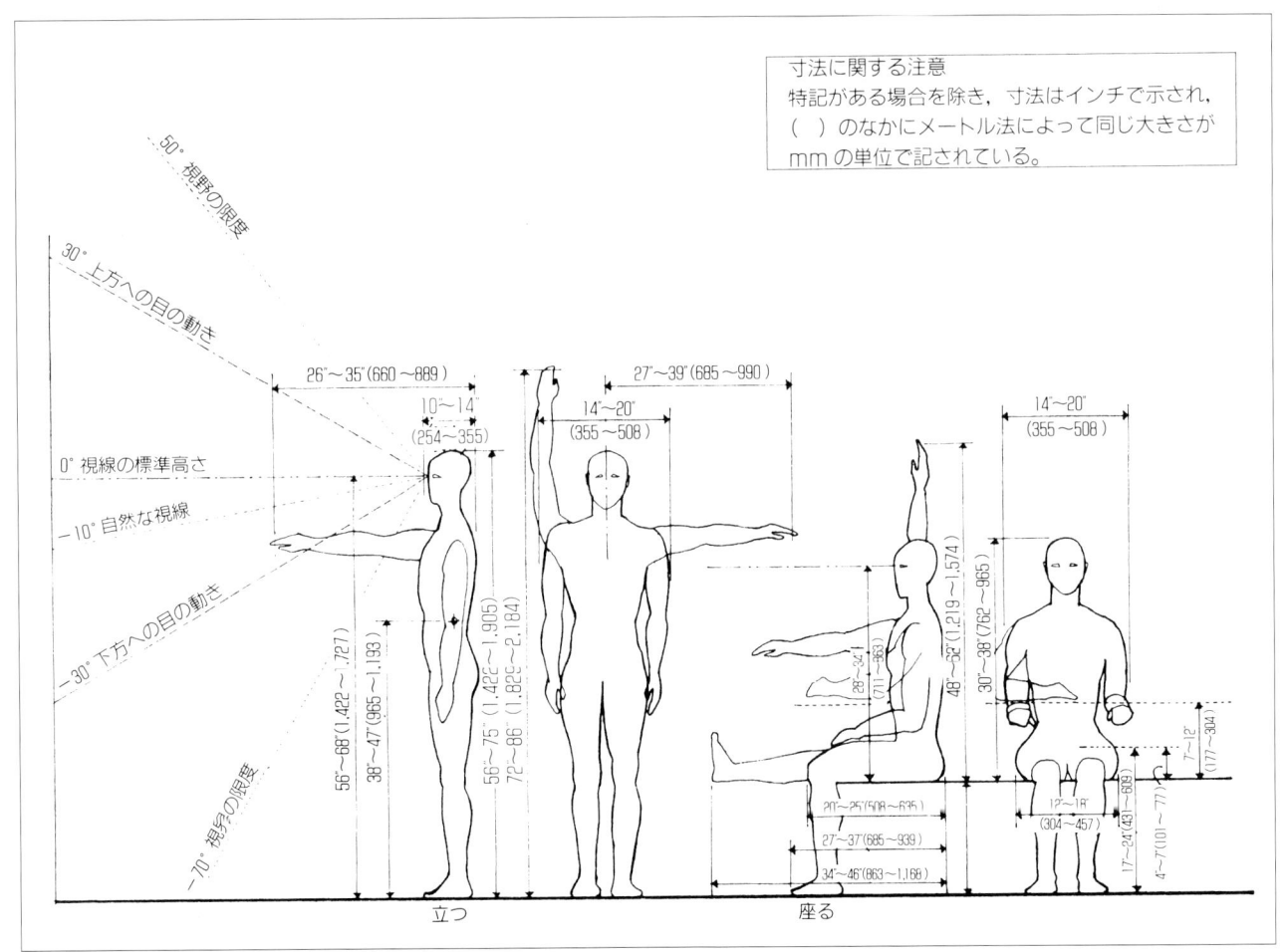

図56　基本的な人体寸法

インテリアエレメントと人間工学

　インテリアエレメントの中で最も人体サイズと関わり合うものは家具である。家具を人間工学の立場から分類すると、人体を支える家具（人体系家具）・物を支える家具（準人体系家具）・収納や遮断のための家具（建物系家具）の3つに分けている。

　人体動作から家具の寸法やレイアウトを決める時、椅子やベッドの人体系家具の場合は座った状態を原点とし、箪笥や棚の建物系家具では立って動作することが多いので床面に寸法の原点をおくのが一般的である。尚、机などの準人体系家具は床面からの寸法も考慮するが、座って用いることが多いので機能寸法の原点は座骨結節点を原点とされている。機能寸法の計り方が変われば、家具の設計方法も変わってくる（図57）。

　人体動作と最も関係する椅子について留意点を記す。人間は立った状態の姿勢が保たれるよう骨格が成り立っており、座った姿勢では背骨に無理が生じる。そのため椅子における身体構造上の必要な保支は背骨への背もたれとなり、座面は体重を下から支える役目となる。

　人体と最も接触する家具以外で人間工学を適用する事例をとりあげてみる。

　照明器具の大きさや設置位置は、人の動作に留意して設計をする。例えば、食卓用テーブル上のペンダント（図58）は、離着席時に頭に当たらないサイズや取り付け位置にする。また、作業する時に手元を明るくするスタンドなどは、腕のサイズから作業域にじゃまにならないようアームの長さや器具位置を考慮して設計をする。

　高齢者や障害者には、健常者以上に配慮が必要でドアハンドルや引き戸では取手位置や形状、手の大きさや動かし方など、また、階段の踏み台サイズや段差、手すりの形状や位置など、安全のために人体サイズや動作を知り設計しなくてはならない。

　バリアフリーやユニバーサルデザインへの対応が展開されつつある昨今、人間工学はますます大切な要素である。

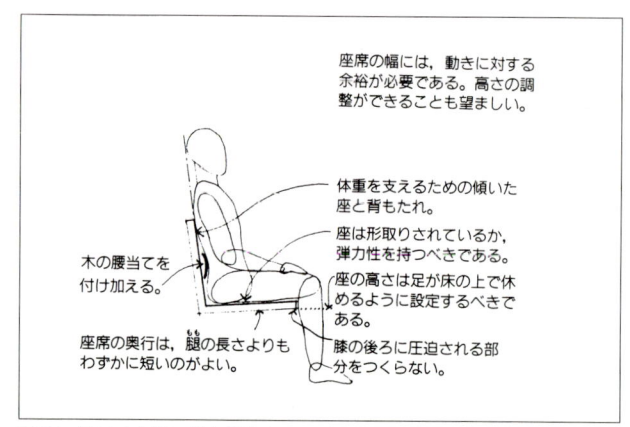

図57　椅子の人間工学上留意点

図58　食卓テーブルとペンダント別

材料、仕上げ・工法

インテリアエレメントにはいろいろな素材が使われている。木、金属、プラスチック、石、ガラス、竹、ラタン、繊維、紙、陶磁器、皮、ゴム、コンクリートなどがあり、それぞれの材料には素材特性に合わせた仕上げや加工方法がある。

これらの材料のうち、よく使われる主材料は木と金属とプラスチックとガラス、そして繊維を含めた5材料である。木は古代からインテリア材料として、また、家具などのエレメントの材料としても用いられてきた。金属も古代からあるが、インテリアエレメント材として一般的に使用展開されるのはバウハウス以降の20世紀後半からである。プラスチックは20世紀後半からである。ガラスは古代からあったが、貴重品であり、量産化されるようになる19世紀末頃から徐々に使用されるようになった。繊維でも天然繊維は古代から利用してきたが、人工繊維は20世紀後半からである。これら主要5材料について記すこととする。

■木

木が金属やコンクリートなどの工業材料と一味違った性格をもつ素材であることを、私たちは日常の生活体験から感じている。鉱物系と違う生物系であり、優しさや暖かみのある自然材であるからである。木は古代の昔から慣れ親しんできた自然素材の代表で、建物や内装、生活道具の材として多用されてきた。現代において他の素材が普及してきているとはいえ、木はインテリアや家具などの主要材料として使われ続けている。

木の特質は熱を伝えにくく、保温性がよく、軽くて強い材である。また木目も美しく肌触りも優しいことから構造材でも表面材でも使える。そして、加工のしやすさもあり、身の回りの生活用品の材料として適している。

木には燃える、腐る、狂うという欠点もあるが、上記のように長所も兼ね備え、相対的に優れた使いやすい材料といえる。

木の特徴で忘れてはならないことに年輪があげられる。年長に応じて層を成し、その年輪の中心を含むように木取りすると柾目板が、芯を外して木取りすると板目の板が取れる（図59）。

木は主として、構造材に使われる針葉樹と、桐やオークやウォールナットのように家具などに使われる広葉樹とに分けられる。そしてリサイクルや資源有効利用の観点から合板や集成材、ボード類などの木質材料もある。

木の仕上げには、木地仕上げと塗装仕上げがある。本来、木地仕上げは木目の美しさをそのまま見せる仕上げ鉋による方法であったが、今日では塗装技術の発達もあり、木目を生かす透明塗料を塗装する生地塗り仕上げのことを称している。このように通常木の仕上げは塗装で、「透明塗装」と「不透明塗装」に大別される。尚、「透明塗装」には無着色と透明着色とに区分させ、木目の生かし方を分けている。木目を生かす北欧家具仕上げに多いオイルフィニッシュは、透明塗装の無着色仕上げで、オイルを浸透させる仕上げである。このオイルフィニッシュを除いて、すべて木材の上に塗膜をつくる塗装方式が今日の仕上げである。

木の特性"加工性のよさ"を生かした工法に、継手と仕口がある。今日では組手と称し、木製家具などの大事な工法で、代表的な組手の「ほぞ組み」や「ダボ組み」は機械加工でも多用されている。組み立て時に水性ボンドなどの接着剤を活用し、しっかり固定させている。

木を用いたインテリアエレメントには家具が多く、しかも古代エジプト時代から使われてきた。今日でも家具の多くは木を主要材料としている。

図59　木材　撮影：小林浩志

金属

　強度ある素材として金属は、昔から生活の中に取り入れられてきた。鉄鋼と非鉄金属とに分類される金属の中で、主流は鋼で最も多く使われている（図60）。その中でも加工しやすく強度ある鉄は、構造や荷重がかかる家具などの脚部に堅牢で最適な素材であるが、錆びやすい欠点をもつので塗装やメッキの表面処理をする。

　加工方法は機械によるプレス加工やドリル穴あけ加工、溶接加工などである。溶接には炭酸ガス利用のCO_2溶接が一般的であるが、外観の美しいロウ付けやアーク溶接をすることもある。

　表面仕上げは脱脂・脱錆作業後塗装かメッキ仕上げが多い。塗装には下塗り・中塗り・上塗りとあり、乾燥後、研磨となる。しかし最近、研磨は特殊な製品を除いて省略されている。塗装の主流はスプレー方式であるが、金属塗装で特徴的なのが電磁性を利用した静電塗装、電着塗装、粉体塗装である。静電塗装は静電気の力で塗料を帯電させ塗膜する方法、電着塗装は塗料液に電流を流し陰極被塗装物が塗膜する方法、粉体塗装は粉塗料を静電塗装方式で塗装し、焼き付け硬化乾燥する方法である。

　もうひとつの仕上げ、メッキにはクロームメッキやゴールドメッキ、真鍮メッキ、銅メッキ等がある。一般的にはクロームメッキが多用されている。尚、他のメッキは被膜が弱くクリア塗装をしてメッキ表面を保護したりしている。

　今日では耐腐食性や加工性の改良がなされた金属もあり、手すりや建築金物などにも多用されるようになった。ステンレスはそのひとつで、錆が発生しないよう鋼にクロムやニッケルなどを加えたもので、キッチンなどの水回りやドアノブ・取っ手、椅子のフレームなどに使われている。ステンレスの加工はプレス貫きや曲げが多く、溶接はアーク溶接である。表面加工は研磨鏡面仕上げやヘアーラインが主流である。

　アルミニウムも耐腐食性金属として多用されており、軽く（鋼の1/3の比重）、加工性のよい対蝕性も優れた材料である。家具の脚部やフレームにアルミキャストを使用することも多い。アルゴンガスによる溶接も可能だが、きれいに仕上がらないのであまり活用されな

い。表面仕上げはアルマイト仕上げが主流である。

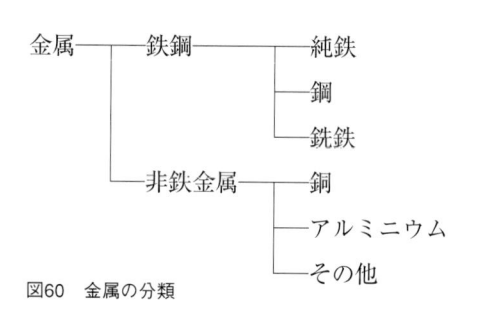

```
金属 ─┬─ 鉄鋼 ────┬─ 純鉄
　　　│　　　　　　├─ 鋼
　　　│　　　　　　└─ 銑鉄
　　　└─ 非鉄金属 ─┬─ 銅
　　　　　　　　　　├─ アルミニウム
　　　　　　　　　　└─ その他
```

図60　金属の分類

プラスチック

　20世紀に生まれ、今日なお発達の過程にある極めて新しい造形材料のプラスチックは、1907年にフェノール樹脂（商品名ベークライト）の生産が最初であった。それ以来、石油化学工業の急速な発展とあいまって多種多様なプラスチックが誕生、モダンなデザインにとっては魅力的材料として歓迎され急速に普及した。現代の代表的生産材料のひとつである。

　プラスチック（合成樹脂）は石油から人工的に合成した可塑性（plasticity）を有する高分子の有機化合物で、その性質により熱可塑性樹脂と熱硬化性樹脂とに分類される（図61）。一般に炭素分子を含んだ材料を有機化合物といい、自然界に数多く存在している。

　プラスチックの特性は、一般に成形性・加工性に富み、軽く強靭で、耐水性・耐触性・薬品性・対油性・絶縁性が大きく、原料が比較的安価なことなどがあげられる。最近では、より高度の特性をもつプラスチックも生まれ、また石油以外の原料からもつくりだされるようにもなり、新たなる特性のプラスチック誕生が予想されている。

　プラスチック材料の用途は、内装材としてもインテリアエレメント材料としても用いられている。塗料材にシート状またはタイル状にして床材などに多用されている。事例としていくつか取り上げると、メラミン樹脂やポリエステルボードは壁天井材に、椅子の座や収納家具の棚板等にはポリエステルが使われている。アクリル・塩化ビニール・ポリカーボネイトなどは家具や造作物に用いられ、透明度と光沢を有し対候性もよいので照明器具にも使用されている。硬いメラミン樹脂はキッチン等のカ

ウンターや家具棚板などに使われる等々、多種多用である。
　プラスチックの成型には、椅子の座などに活用されている射出成型がある。他に照明器具グローブに多い真空成型やマヨネーズ容器などのブロー成型がある。プラスチックの表面仕上げは、成型面仕上げ（鏡面か粗し面）の素材表面が多い。最近、メッキや印刷の表面仕上げ方法も展開されてきている。

```
プラスチック ─┬─ 熱可塑性樹脂 ─┬─ ポリエチレン樹脂
              │                ├─ ポリプロピレン樹脂
              │                ├─ 塩化ビニール樹脂
              │                ├─ ＡＢＳ樹脂
              │                ├─ ポリアミド（ナイロン）樹脂
              │                ├─ ポリカーボネイト樹脂
              │                └─ アクリル樹脂
              └─ 熱硬化性樹脂 ─┬─ フェノール樹脂
                               ├─ 不飽和ポリエステル樹脂
                               ├─ メラミン樹脂
                               └─ ポリウレタン樹脂
```

図61　樹脂の分類

図62　ガラス／住空間の事例

ガラス

　ガラスの特性は透視性と透光性にあり、その透明感、光沢、耐久性、不燃性などの性質は、なかなか他に代用品がない。
　ガラスは古代からあった。そして中世の教会では色ガラスを用いたステンドグラスが使われていた（図62）。今日のように一般家庭の窓や家具、食器などにガラスが広く使われ始めるには、機械による大量生産が始まる100年ほど前からで、それまで窓や扉にはめ込むガラスなどは高価で特別のものであった。
　ガラスの成型法には宙吹き、型吹き、そしてスランピングがある。宙吹きとは空中で吹竿をまわしながら成型する方法、型吹きとは鋳型の中で吹き込んで成型する方法、そしてスランピングとは凹型に板状のガラスなどを置き溶融する方法である。ガラス工房でよく見られるのが宙吹きと型吹きである。そしてインテリアに多用される板ガラス製法に、連続してつくるフロート製法がある。
　板ガラスには大きく3グループに分けられる。最も一般的な普通ガラスと用途に応じた加工ガラス、材質強化など特殊な性能をもたせた特殊ガラスとに大別される。最近の建築・インテリアには熱処理をした強化ガラスが多用されている。仕上げによって破損時飛散落下しないようにした線入りガラスやアミ入りガラスや合わせガラスがある。また強化ガラスや2層・3層の複層ガラス、熱線吸収や反射ガラスなどもある。家具のテーブル板や棚板などのガラス板は普通板ガラスがそのまま使われている。
　ガラスの表面仕上げには、透明以外にガラスの表面を荒らした消しガラスやグラインダーで削るカットやエナメル焼き付けなどがある。またガラスにシルク印刷やメッキ加工も可能で透光性のないガラスなどができる。鏡は透光性をなくしたもので、特に浴室洗面室などには耐食鏡が使われる。
　インテリアエレメントの照明器具にもガラスがよく使われる。その多くは光源を覆う用途が多く、型吹きガラスグローブである。

繊維

織物や編物のファブリックとして、繊維はいたるところに使われている材料である。カーテンやカーペット、寝具等があり、椅子張り布地や照明器具シェードに使用されることも多い。

繊維の種類には天然繊維と化学繊維に大別され、各々原料ごとに区分けされている。天然には綿や麻の植物繊維、絹や毛の動物繊維、石綿の鉱物繊維があり、もう一方の化学繊維には木材パルプを再生したレーヨンの再生繊維、セルロースなどを合成させた半合成繊維、石油や天然ガスが原料のポリエステル・アクリル・ナイロン・ポリプロピレン・ポリ塩化ビニールなどの合成繊維、そして金属やガラス、炭素などからつくった繊維の無機繊維とがある。

繊維特徴や性質は、天然と化学繊維、さらに原料によっても、また繊維製造過程によっても異なる。さらに、最新のテクノロジー活用で新しい繊維も生まれ、異なる特徴をもつようになったが、繊維は総じて保温性がよく、軽く、引っ張り強度に強い特徴をもっている。また吸湿性や染色性もよい。この吸湿性・染色性は他の素材、木や鉄やガラスにない特徴である。耐熱性や耐候性は総じて弱いが、消防服のように耐火性に優れたものもあり、繊維ごとに性質の違いがある。

繊維の仕上げは、原料になる糸の特性や製法によって異なっている。経糸と緯糸が交錯することによって組織された織物と、ループの連続によって組織された編物とがあり、他にフェルト、不織布、皮革などによっても異なる。

特徴ある仕上げに染色方法とプリントがある。繊維独特の装飾性付加の仕上げである。さらに最近新しい加工仕上げのプリーツやエンボスなどもあり、木や金属などの他素材との違いを表している。

繊維は直接触れたり、広い面積に使用されたりと日常生活と密接な材料であるため、安全や品質の表示がなされている。組成繊維や洗い方・乾燥方法等の取り扱い方である。カーテンやカーペットなどには難燃性の表示も義務づけられている。さらに不特定多数の人が集まる特定の場所には防災対象物品（防災ラベル表示）使用も義務づけられている。

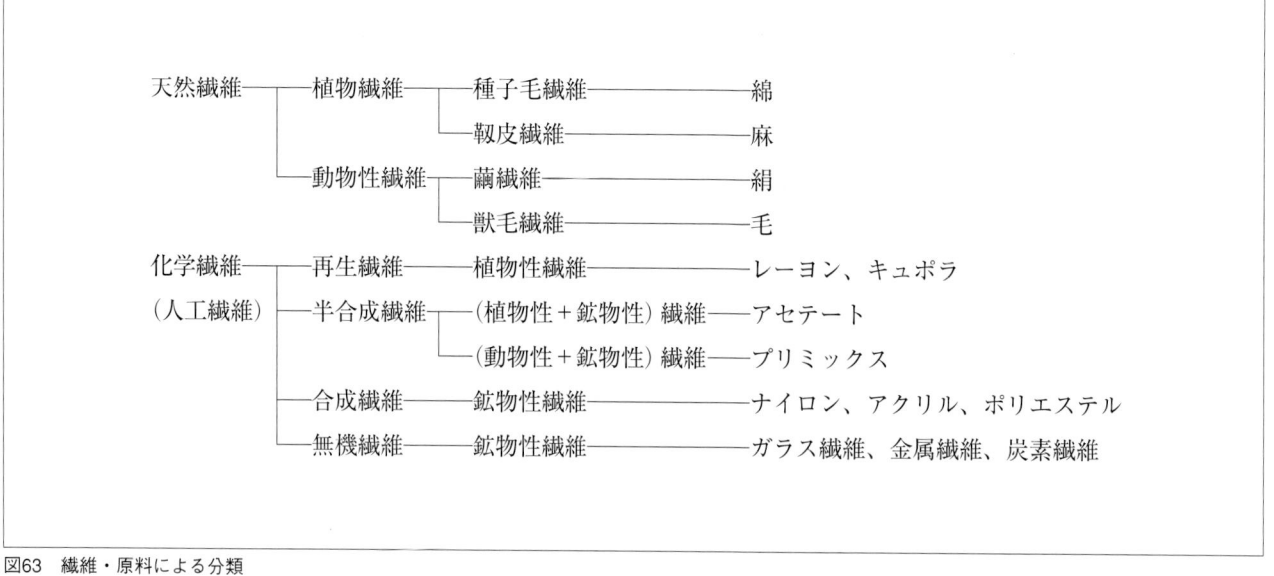

```
天然繊維 ─┬─ 植物繊維 ─┬─ 種子毛繊維 ──── 綿
          │            └─ 靱皮繊維 ───── 麻
          └─ 動物性繊維 ┬─ 繭繊維 ─────── 絹
                       └─ 獣毛繊維 ───── 毛

化学繊維 ─┬─ 再生繊維 ──── 植物性繊維 ──────────── レーヨン、キュポラ
(人工繊維)├─ 半合成繊維 ─┬─ (植物性＋鉱物性)繊維 ── アセテート
          │              └─ (動物性＋鉱物性)繊維 ── プリミックス
          ├─ 合成繊維 ──── 鉱物性繊維 ──────────── ナイロン、アクリル、ポリエステル
          └─ 無機繊維 ──── 鉱物性繊維 ──────────── ガラス繊維、金属繊維、炭素繊維
```

図63　繊維・原料による分類

社会との対応性

　デザインは時代を写す鏡ともいわれ、その時々の社会を表している。私たちの身の回りの生活用品も時代背景や社会風潮によりその内容やレベルも移り変わる。特に現代社会の情報技術発達は、その変化のスピードを速めさせている。また、新しい時代の社会現象は生活スタイルにも影響を与え、住まい方やインテリアエレメントなどに新しい様相を誕生させている。例えば、大量消費の20世紀後半はゴミ問題からの環境対策製品づくりを促進させ、また高齢化現象は安全な環境や使いやすい生活用品づくりを推進させている。それらは従来の慣習や風俗の地域特性を超えたグローバルなスタイルとして広く展開する要素を強めており、従来とは異なる判断基準をもつ必要がある。インテリアエレメントのデザインをする上においても、IT化社会やエコロジー（図64）、ユニバーサル（図65・66）などの時代背景や社会風潮を考慮することは必要である。具体的事例については、第2章の「社会とのかかわり」に記してあるので省略する（第2章の054～056頁参照）。

図65　ユニバーサルデザインをテーマにした展覧会。ガーデンの提案事例

図66　ユニバーサルデザインの様々なプロダクト製品

図64　素材やエネルギー等、環境にやさしい暮らし方をテーマにした展覧会風景

コーディネート

　インテリアエレメントは、空間を構成する建材や生活道具とその住まい方とが結びつき、はじめて効果を発揮するものである。そのためにいかに空間形成する家具、照明器具、ファブリックス、家電機器、建材、システムキッチン等々の特性と相乗効果を発揮させるかは、コーディネート（組み合わせ・調整の意）の大切な事柄である。

　コーディネートするには、単品だけの情報や知識だけでは不十分で、インテリアエレメント全般に精通していることは当然で、さらに空間の諸条件掌握のために、基礎的な建築や内装知識も必要である。そして大切なことは居住者の希望するライフスタイルの実現化であり、事前に住む人の嗜好や習慣や価値観など把握しておくことである。

　適切なコーディネートには、機能と感覚のふたつの視点から判断し対処するのが基本である。人体サイズや行為を把握し、その目的に適応するインテリアエレメントを配置することは機能的で効率のよい生活空間形成に必要である。また、合理的な配置・配分であっても感覚的にリラックスできない空間は快適ではない。生活の快適感は五感すべてにかかわることであるが、人間の判断情報の8割は視覚から得ているといわれる。この視覚効果を高めるために色彩や照明への配慮も必要である。

図67　リビング・ダイニングの事例　スタジオ建築計画　撮影：淺川敏

インテリアコーディネーション

インテリアの床、壁、天井などの仕上げ材をはじめ、窓やとびら、収納庫、そしてインテリアエレメントの家具、照明器具、ファブリックスなどをひとつの空間の中に配置し、有効な形にまとめるのがインテリアコーディネーションである（図67）。

一般的に製品といえば完成品が多いが、コーディネーションで取り扱う製品には組み立てや施工が必要な半完成品も多い。造作家具やシステム収納家具、システムキッチン（図68）などは、空間に合わせて組み立てる。カーテンなども布の状態ではまだカーテンではない。縫製が仕上がり、取り付けられて初めて完成である。このようにコーディネーションには、あらかじめ完成時の空間イメージを想定して計画準備をしなくてはならないものも多い。単純にインテリアエレメントを選択し配置するだけで済むものばかりではない。

住宅のインテリアコーディネーションをするのがインテリアコーディネーターであるが、コーディネーション実践のために、完成前の空間イメージやインテリアエレメントの使用状況を想定しまとめることは大切な仕事である。例えば、システムキッチンの場合、類似サンプル展示品を見せたり、資料をわかりやすく整理し、完成予定の図面やパースをおこすなどの表現である。

インテリアコーディネーションを進める上で、完成時のイメージを伝える表現力あるプレゼンテーションは重要である。

図68　システムキッチンの事例　青山玲建築設計事務所　キッチン設計：イデー　撮影：熊谷忠宏

表現方法

インテリアコーディネーションを表現する方法として図面やスケッチ、パース、模型（図69）などがある。それぞれ表現する内容や目的が異なるが、一般的に多い表現は各種の図面による方法で、平面図、展開図、天井伏図、製品図、部分詳細図、建具図、各設備図などがある。下記に主な表現方法について補記する。

平面図は計画、設計、プレゼンテーション、見積り、施工など、建築やインテリアの仕事の全過程に多用される各種図面の中でも中心的な存在である（図70）。家具レイアウトや行動作業域（スペース）などの確認に必要で、その表現方法も簡単な間取り図から平面詳細図、さらにはプレゼンテーション用彩色付き平面図などがある。平面図にはいろいろな記号や符号が使われるので基本的なものは知っておく必要がある。

展開図は、室内の立面すなわち壁面の構成を表示する図面で、一般的な四角い部屋では四面一式の時計回りで描かれる。そして、コンセントやスイッチなどの設備の位置も記入しておくとわかりやすい。

天井伏図は、天井を見上げた状態を平面図のように表す図面である（図71）。天井の形状やカーテンボックス、照明器具の位置などを表記する。電気設備の記号や、スプリンクラーや煙感知機などの設備記号もよく使われるので知っておく必要がある。

家具図は、置き家具と造り付け（ビルトイン）家具とに分ける。置き家具の作図は第三角法（平面図、正面図、側面図）が一般的であるが、つくり付け家具は平面図や立面図と照合しやすい表記でよい。キッチンなどの給排水や電気設備と関連する場合は明確に図面に表示する。

設備図には、設備の種類によって給排水給湯設備、衛生設備、空調設備、ガス設備、電気設備などがある。設備図の特徴は全て記号化表示である。特にスイッチなどの電気設備図記号など基本的な記号は覚えておくとよい（図72）。

透視図（パース）は遠近画法とも呼ばれ、インテリアパースには一点透視図が用いられる。部屋や家具を立体的に表現し、着彩をしたりする。

フリーハンドスケッチは、検討時点での構想を直接的にフリーハンドでビジュアル表現したもので、空間イメージを確認するのに適している（図73）。

他の表現方法に透視図と同じような3次元的表現のアクソメ図やアイソメ図、コンピューターを活用したCAD（製図）やCG（作画）などもある。

図69　模型

図70 平面図

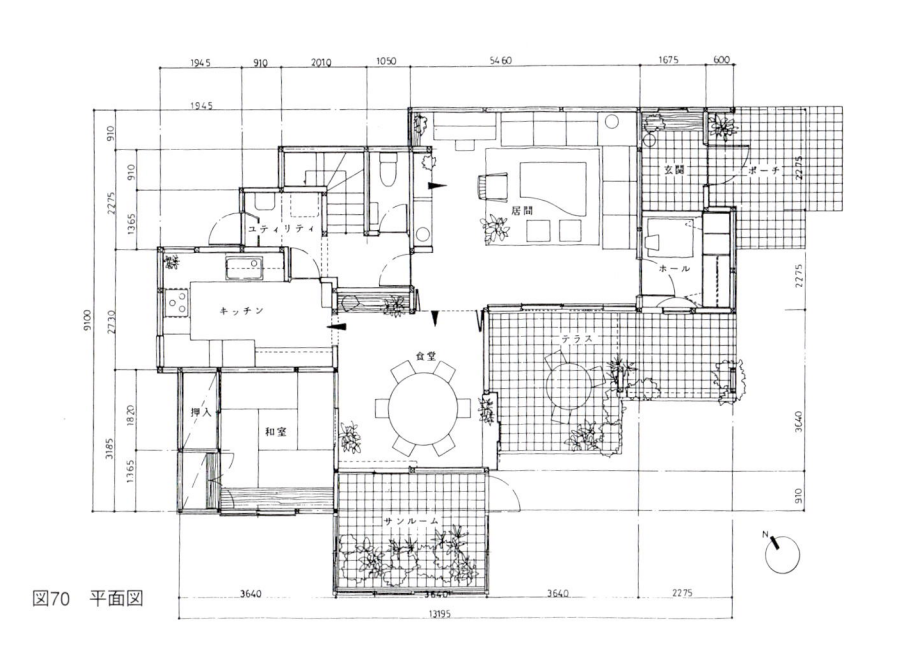

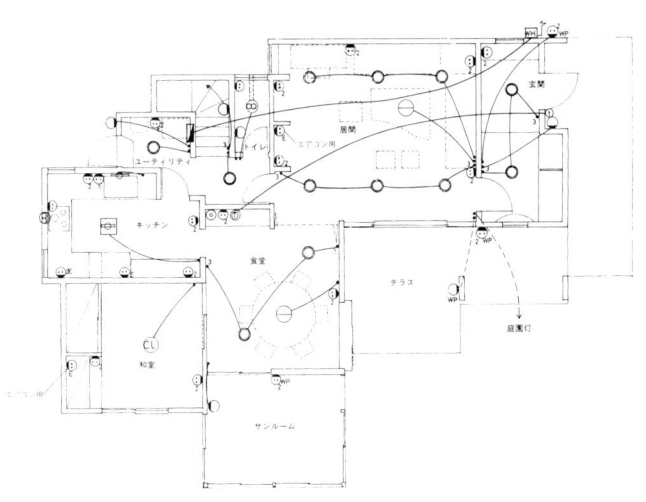

図71 天井伏図（天井形状や照明・コンセント計画）

図73 居間のパース図

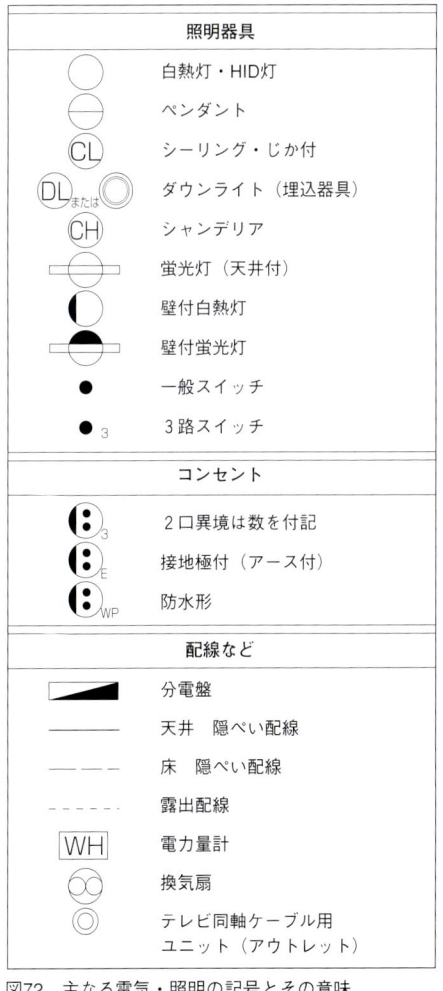

図72 主なる電気・照明の記号とその意味

照明器具	
○	白熱灯・HID灯
○	ペンダント
CL	シーリング・じか付
DLまたは○	ダウンライト（埋込器具）
CH	シャンデリア
○	蛍光灯（天井付）
◐	壁付白熱灯
◐	壁付蛍光灯
●	一般スイッチ
●₃	3路スイッチ
コンセント	
⦂₃	2口異境は数を付記
⦂ E	接地極付（アース付）
⦂ WP	防水形
配線など	
◢	分電盤
──	天井 隠ぺい配線
───	床 隠ぺい配線
------	露出配線
WH	電力量計
⊗	換気扇
○	テレビ同軸ケーブル用ユニット（アウトレット）

仕事のしくみ

インテリアエレメントのデザイン・生産プロセスの流れは、自社の商品強化を目的に調査や分析をし開発デザイン目標が設定される。そしてこの目標に最適なデザイナー選定作業がなされる。ここでは、外部デザイナーと企業との仕事のしくみについて記す。

次にデザインを依頼する側（クライアントと称す）とデザイナーとの間でデザイン契約が結ばれデザインワークを開始する。スケッチ、レンダリング、図面、モデルなどのデザインワークを提示しデザインが決定すると、生産も考慮した試作に進み検討される。試作段階から作業の中心はデザイナーから序々に製作現場に移行し、デザイナーは最終イメージ調整確認をする。試作が終了すると生産計画と同時に販売計画も検討され、製作が開始される。営業や流通関係者も参画し、発売への準備段階になる。デザイナーには、発売前の販促物（カタログなど）作成や取材や撮影などの協力もデザイン業務フォローとして求められることが多い。発売をもって製品開発デザインワークは完了するが、一般的にデザインワークは試作段階までである。

以下、クライアントやデザイナー、製作者などの役割について記す。

クライアント

デザインワークを着手するには、何をデザインすべきかの依頼があって開始するのが一般的である。クライアントとはその依頼主のことで、外部デザイナーがデザイン契約する際のデザイン発注者を示す。

デザイン依頼には、開発の目的や条件等を確認しスタートするが、この時の確認書がデザイン契約書である。これは企業が企業内デザイナーに実施させる場合の企画書と同様で、通称デザイン発注書とも称される。契約書も企画書も開発条件にはデザイン期間、予算、目標への絶対及び付帯項目（機能、サイズ、重量、色）などがある。

プロダクトデザイン分野において、クライアントが要求するデザインには2種類ある。新規販路開拓のオリジナリティーある新製品のためのデザインと、既存製品の改善改良のデザインである。改善改良とは市場ニーズの変化や、新市場への販路拡販のため既存製品に付加機能の増減や意匠の一部手直しをすることで、改善改良品も新製品である。

なお、クライアントからのデザイン依頼条件には開発期間や発売時期が明記されることが多い。発売時期は重要で、市場の動向を掌握し新製品出荷の時期や販売方法を決定するのは、提示する最終デザイン決定と同様にクライアントの重要な仕事でもある。

デザイナー

デザイナー（designer）とはデザインをつくる人をいう。デザインという言葉は大変幅の広い概念で、かつ適切な訳語はないが、我々の生活に必要ないろいろなものについて、その機能や構造だけでなく、その物の美しさも含めて総合的に計画、設計することがデザインであり、それを担当する人がデザイナーである。したがってデザイナーのかかわる分野はポスター・パンフレットなどの視覚伝達デザイン、室内生活空間のインテリアデザイン、環境形成にかかわる環境デザインなど多岐にわたる。尚、日本でデザイナーとして最初に認知されたのは、現代でいえばファッションデザイナーにあたる、婦人服の型を考案する職業人であった。

インテリアエレメントのように、生産技術と深いかかわりをもつ製品のデザインをプロダクトデザインといい、工芸デザインと工業デザインの2種がある。プロダクトデザイナーの仕事は、製品開発にかかわる企画立案からデザイン・試作・発売まですべてに関与するが、主にデザイン・試作業務にウエートが置かれる。デザインは企画書の開発条件を前提に、製品構想（プラン）を考案することであり、そのプランを伝達するためにビジュアル表現をしプレゼンテーションをする。ビジュアル表現にはスケッチやレンダリング、外観図面、模型などがある。最近ではパソコン画像で行うことも多い。

インテリアエレメントのデザインワークには、その製品の使用空間や使われ方も想定し開発をする。家具や照明器具、カーテンなど設置方法や取り付ける場所を考慮しておく必要があるからだ。たとえ斬新なアイディアであっても状況に適合しなければ価値は半減してしまう。より多くの人々に受け入れられる製品開発

が大切である。

製作者（クラフトマン）

インテリアエレメントには、工芸（クラフト）デザインと工業（インダストリアル）デザインとによるそれぞれの製品がある。前者の製品には、手加工による生産を主とした伝統的な自然素材を加工したものが多く、それらは個人の工房や各地の地場産業の伝統的生産体制で製作されている。後者の工業製品は機械大量生産方式によるもので、家電品や金属やプラスチック家具などがある。

プロダクトデザインにおいて製作者とは、前者の工芸デザインの生産者を意味し、デザイナーからのデザインを受け製作をする人をいう。インテリアエレメントでの製作者は、均質性を求めるのが困難な木や竹や籐などの生物素材を生かした家具や照明器具などをつくるクラフトマンや職人を示している。最近多く見られる家具工房作家などはデザイナーであり製作者でもある。

この製作者の資質には、デザインを理解し、使用素材の特性や加工方法を熟知し、さらに使用道具や機械の操作技術をも収得していることが要求される。このことは多品種少量生産や、高齢者や身体障害者向けのパーソナル生活用具づくりに適応でき、今後の高齢社会でのもの作りにおいて、その役割が重視されつつある。

製作業者

デザイン決定されたプランは、製造図面に表現され製造業者にて生産される。一般にインテリアエレメントにおける製造業者とは、図面をもとに機械量産を専門業とする人を示している。生産の手順はデザイナーからのデザインを元に、生産性を高めるために必要な部品図や組立図など製作し、効率よい生産方式を追求する。いかに製品コストの低減化を図るかである。なお、製造業者はクライアントであったり、クライアントから委託生産を受けた製造業者であったりもする。

製造業者でも業界によってその製造体系区分が異なっている。例えば家具の場合、材料によって生産加工方式が異なる。木工、金属、プラスチックといった各工場の量産体制の違いは、材料・加工により異なっている。また照明器具の場合は使用光源によって白熱ランプ器具、蛍光ランプ器具と製造体系は異なり、ファブリックの場合は織り物か染め物かの製造工程によって区分されたりする。以上のようにそれぞれ生産方法は異なるが、図面をもとに量産化する指向は同じである。

量産の場合、些細な欠陥であってもそのクレーム処理数は大きくなるので、製品の品質や安全について十分に検討実験をする。また、製品の在庫スペース減少化や運搬の効率化や設置簡易化等はコスト低減に繋がり、製造設計時にノックダウンや軽量化等デザイナーとの協議検討がなされる。

環境問題は、リサイクルを含めた使用後の部材取り外しや破棄とも関係があり、製造を考慮して決定する必要がある。

日本の製造業ではJIS（日本工業製品の品質向上と標準化規格）やQC（品質コントロール）活動が盛んであり、品質はよい。さらにグローバル化の今日、品質の国際規格（ISO9000）、さらには環境管理システムの国際規格（ISO1400）収得など、安全の確保や製品の運搬設置や設置後のメンテナンス、さらには使用後のリサイクルなども検討し製造することが必須化されている。

デザインのすすめ方

プロダクトデザインは不特定多数の人たちを前提に、将来を見据えその時代の要望する生活用具を開発することであり、限定少数の人や、個人対象の一品製作的開発ではない。生産体制も手工芸的であろうと量産が前提であり、生産するための設備や人員などの計画性が重視される。そのため、デザインワークには新規性や審美性だけでなく、合理的な生産性や有用性が要求される。

インテリアエレメントが室内での快適な生活に有用であることは当然だが、楽しい気分で使える「使いやすさ」や、市場の動向が要求する「嗜好性」、時代背景が提唱する「社会ニーズ」などにも留意したデザインワークも大切である。特に環境に優しいエコロジーデザインや高齢者にも使いやすいユニバーサルデザインなどの社会ニーズは、これからのデザインワークに大切な要素である。

プロダクトデザインは量産化決定までに多くの関係者によって協議検討される。たとえユニークな発想であっても、それを上手く伝達できないと理解は得られない。計画的にデザインをすすめるために各段階での必要事項やその作業について記す。

■計画（テーマ、目的、発想、サーベイ）

インテリアエレメント製品開発にインテリア動向を知ることは大切で、そのために常日頃から関連する社会動向に関心をもつよう心がけることが肝要である。例えば、高齢社会のインテリアにはバリアフリーが要望されるであろうし、環境問題はリサイクル志向や省資源によるコンパクトサイズ化が推進される。つまり、どのような要望（ニーズ）があるのかを探求しテーマ化することが必要である。

デザイン（製品開発）をするにはテーマが必要で、そのテーマにそって目的を明確にする。いつ、どこで誰がなぜ、何をどのように用いるのか（5W1H）であり、それが開発の対象となる。人々が日常生活の中で快適に過ごしたいと願うことは自然であり、その願望内容にはいろいろある。5W1H（What, Who, When, Where, Why, How）で目的を明確化することによりいろいろな願望からどのようなものにすべきかのターゲット像が想定されてくる

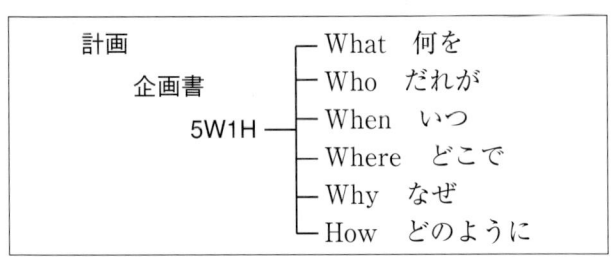

図74　製品開発への5W1H

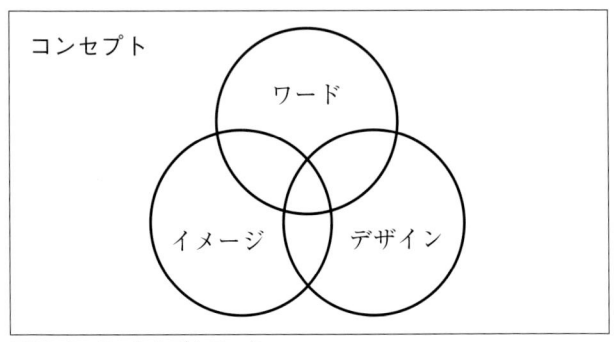

図75　3つのコンセプトワーク

（図74）。こうあるべきとか、こうすると快適になるとの想いが連想されてくる。それらの発想はアイデアであったりアレンジであったり、実現性の度合いがなかったりと多種多様である。これらの発想を整理し、実現性や新規性有無のサーベイ（査定）をする。あまりにも突飛な発想で空想的なものや類似性ある発想などは除いたり、新規性あるアイデアの実現性有無の度合いなどはサーベイしておくべきことである。

■企画（調査、分析、開発条件、形、機能）

製品開発をすすめる時、ターゲットが明示されることは重要である。それは、アイデアの発想からデザインの決定まで選定の基準となる。ターゲットとは目標であり、目標到達へはいくつかの絶対条件と付帯条件とが付いてくる。条件は調査・分析などによって具体的になり、目標への概念構築がすすめられる。この企画構想の段階で大切なことは概念の構築（企画書）である。

一般的に企業における製品開発は、製造・販売・研究・開発の各部門協力体制で実施される。そのために協力開発メンバーの共有概念形成は大切で、開発目標を明示した企画書が必要となる。

企画書には経営方針に基づいた予備調査により、テーマ（目的）、目標（ターゲット）、スケジュール、実

施体制、予算、条件、リスクなどの基本項目が記載されている。そのフォーマットに定形はなく自由である。企画提案は企業内の企画部門などからされるが、外部のデザイン事務所からの提案も少なくない。

承認された企画書テーマに基づき、デザインのためのリサーチ（調査）やデスカッションが開始される。目標の形態を探り、その形成要素を抽出するためにである。形や機能、色や触感、サイズや価格なども調査分析される。また、他社製品の調査分析も実施し、参考データとする。序々に条件が鮮明化し、目標への概念（基本的な形態や機能への考え方）が構築化されるのである。

学校での課題などは、出題者の提示した年間計画と個別のテーマによってすすめられる。いずれにしても、提示されたテーマによってデザインプロセスのスタートが始まり、調査分析など、前後の手順の相違は多少あるにしても基本的に変わりはない。

コンセプトの設定

コンセプト（concept）とは、創造する時の方向性を示す概念（考え方）を意味し、デザインの発想や調査分析の結果を総合的にまとめたものである。コンセプトは、デザインの説明に用いられる。

企画書に基づいた調査は、目標の範囲や対象を示しており、その調査の分析内容からターゲットへの条件が提示される。それらは機能性であったり、使用環境であったり、対象者であったりと、重要と判断できる事柄から開発に影響を与えないと思われるものまで多種多様である。多岐にわたる提示条件は関連性もないように思えるが、すべてターゲットを取り巻く要素であり、それらの中から発想に関連する事柄を抽出し、言葉やイメージを連想させる写真やイラストで、デザインの方向性を表現することが必要となる。この作業をコンセプトワークと称する（図75）。

コンセプトワークには、発想に繋がるキーワードを結びつけて開発対象を連想させる方法と、写真やサンプルなどを組み合わせてイメージ伝達をする方法と、ワード及びイメージのコンセプト作成時着想の「デザインメモ」などを集めてよりイメージ形成しようとする方法とがある（これらの方法内容は次項プレゼンテーションのコンセプト参照）。

アイデアスケッチの展開

アイデアスケッチはアイデアをメモするためのスケッチで、設定したコンセプトから使用空間、使われ方、デザイン条件などを考慮しながらスケッチする。この時のスケッチはデザインスケッチともいい、メモ代わりのデザイン基本構成検討用なので、ディテールは省略しフリーハンドで、早く表現する。これには、イメージしたものを記憶しておくための「メモスケッチ」と親指ぐらいに小さく描く「サムネイルスケッチ」となぐり描きの「スクラッチスケッチ」とがある。ここでいうアイデアスケッチはスクラッチスケッチを示す。他人に見せるのでなく、いろいろな視点からのイメージを書き残すためのものである。アイデアスケッチは全体像や部分的個所のみ描いたものから、機能性や組み立て方法を描いたものなど膨大なスケッチ量となるのが普通である。特定のテクニックや使用画材はないが、早く多数描くのに使い慣れた筆記用具が適する。書き加えが容易で、濃淡の表現が可能な濃いめの鉛筆は使い慣れておきたい筆記用具である。

プランの展開

基本的デザインをまとめる重要なデザインワークにラフスケッチと三面スケッチがある。さまざまなアイデアスケッチから企画内容に適する候補を検討し、最適案を何案か選ぶ。そして基本的構造や機能性を考慮し全体と細部を修正しながら、理解し易いよう表現する。その表現がパースペクティブに描くとラフスケッチで、三面

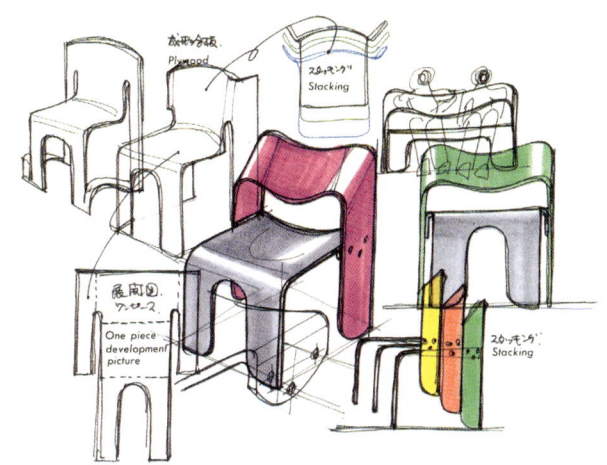

図76　家具のスケッチ事例　田野雅三

（正面、側面、平面）に表現すると三面スケッチとなる（三面スケッチは外観デザイン図面でもある）。

この両スケッチで、フォルムやサイズバランス、機能や構造などの組み合わせパターンが検討され、幾通りかの特徴あるプラン展開を表現する。

両スケッチともフリーハンドまたは定規類を使用して線描きし形状（陰影・材質・色彩など）を表現したもので、簡潔に訴求力ある描き方をするのがポイントである。

スケッチの表現技法や指定使用画材の特定はないが、線描きには鉛筆やサインペン、ロットリングなどではっきり線を描き、色鉛筆やパステルまたはドライマーカーでスケッチするのが一般的である。ラフスケッチも三面スケッチも丁寧に表現すると、レンダリングのレベルに近づく。精密に描写表現した完成予想スケッチがレンダリングである。

■ スタディモデルの展開

デザインをすすめる段階で、発想するイメージを確認する作業がある。まずデザイナー自身が確認し、次に製作者やクライアントなどの第三者が確認する。その確認方法に、イメージ視覚化のスケッチ（図76）やモデルを用いる。特に立体的に形で確認できるモデルは大切である。

スタディモデル（study model）は、デザイナー自身のイメージの確認が目的の"ラフ立体模型"のことで、ラフモデルとかラフモックアップモデル、またはスケッチモデルともいわれる（図77）。アイデアスケッチなどの発想の段階で、平面的表現（スケッチなど）だけの確認でなく、立体的に納得するためのモデルである。尚、スタディモデルは数多くつくるため、短時間での製作が要求される。ここでは相対的に形態のボリューム感や、形状のバランスを確認するもので、寸法や精度にはこだわらず、作業性のよい材料を用いる。曲面を表現しやすい材料としては油土やクレイ（工業用粘土）、プラスチック発泡材などが、平面を表現しやすい材料には厚紙やスチレンボードやバルサ（模型用木材）などがある。

スタディモデルの大きさは、原寸でつくるのが望ましいがイメージが確認でき比較検討しやすい縮尺モデルでもよい。

■ 試作、モックアップ

デザインプロセスにおけるモデルは、スケッチでは確認できないボリューム感や質感や色彩などを検討するためのもので、デザインイメージの確認度合いによってモデルの要求内容は異なる。特にデザインの最終決定段階になると、よりリアルなモデルで確認しようと試み、最終製品イメージに近い試作モデルが必要となる。

一般的に試作モデルは、量感や質感など形状重視で、原寸の最終製品イメージそっくりに仕上げた外観模型のことをいい、モックアップ（mock up）モデルと称し、最終デザインプレゼンテーションなどに使われる。このモックアップモデルはデザイナー自身のイメージ確認以外に、クライアントや開発関係者との検討、確認、決定などにも使われ、プロポーションなどの外観決定モデルである。本物そっくりに仕上げられるのでカタログ用の撮影にも利用される。

また、試作モデルはスタディモデルと違って精巧さが要求され、製品レベル同等の仕上げが要求される。そのため、モデル製作専門の人（モデラー）が製作する場合が多くなっている。

試作品やモックアップモデルを使用想定空間に設置し、他のインテリアエレメントとの共用性やバランスをチェックし、最終デザインの確認をすることも大切である。

図77　スタディモデル事例　田野 雅三

プレゼンテーション

　デザインワークの発想が、デザイナーや開発担当者の検討調整にすすみ、生産への問題解決方法と販売への評価の見通しがつくと、デザイン決定会議が行われる。製品化デザイン決定会議には、視点や立場の異なる営業や製造・宣伝などの各部門からも参加するので、提示デザインの表現には理解しやすいプレゼンテーションとなる配慮が必要である（プレゼンテーションとは提示行為とか提案活動の意）。

　デザイン決定のプレゼンテーションにはテーマ（目的）や目標を設定した企画書や調査資料なども用意されるが、デザイン発想を表現したコンセプトやビジュアル表現したスケッチや図面、完成品を想定した模型などが提案表示に用意される。通常、その主要物は完成品を想定したプレゼンテーションモデルが多いが、理解しやすいデザイン内容やモデル製作の時間がない場合は、レンダリングや外観模型や図面などでプレゼンテーションを済ませることもある。また、最近はコンピュータを活用してのデザイン表現もプレゼンテーションに用いられている。

　以下、プレゼンテーションの具体的内容について記す。

コンセプト

　コンセプトとは概念（考え方）を意味し、既成のものにないデザインの方向性を示すのに用いられる。このデザインの方向性を策定する作業を一般的にコンセプトワークと称し、ワード・イメージ・デザインのそれぞれのコンセプトワークがある。

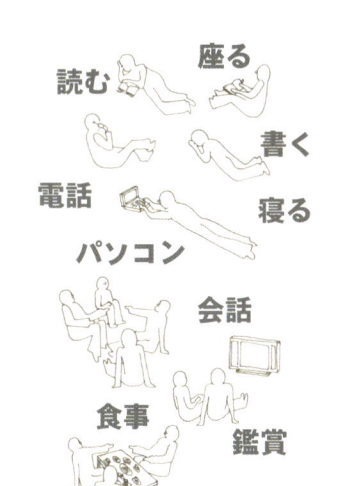

図78　プレゼンテーションパネル作例。左上がワードコンセプト。

ワードコンセプトは、調査分析からの指摘事項やキーワードなどの文字をキャッチフレーズ化しマップ表現したもので、文字の表現方法や語彙から開発の方向性をイメージさせるもの（図78）。

　イメージコンセプトは、キーワードから連想する対象物の写真やイラスト及びカラー見本やサンプルなどを収集し、それらを組み合わせ表現したもので、ボードなどに貼り合わせビジュアル（視覚）的に開発の方向性をイメージさせるもの（図79）。

　デザインコンセプトは、ワードやイメージのコンセプトワークをしている時に、キーワードや連想写真などから発想できた事柄を書き残しそれを集めたもので、部分的であったり比喩的であったりするが製品イメージの方向性を書き示したもの。書き残したものはスケッチであったり、メモであったり、写真への書き込みであったりとその時々で違う。しかも製品の部分的個所であったり、色や素材のテクスチャーであったり、梱包仕様であったりと様々である。

ビジュアル表現

　デザインプロセスにはいろいろな表現方法があり、それぞれの過程の中で表現しやすい手法が活用されている。一般的にビジュアル表現とは、デザインイメージを平面で表す手法をいい、立体的モデルやコンピュータ映像と区分している。ビジュアル（visual）とは「視覚、目の見える」の意である。

　デザインイメージを平面で表す手段にスケッチと製図がある。普遍的に用いられているプリミティブな手段であり、言葉や文章による説明などなくても、イメージ伝達ができる。

　スケッチには、発想を素早く線描し、形にしたアイデアスケッチと、基本的構造や機能を考慮の上、パースペクティブに簡潔に表現（質感や陰影など）したラフスケッチと、製品のでき上がりを想定して精密に描写した完成予想スケッチのレンダリングがある。

　製図には、デザイン検討用のデザイン図（計画図とも云われる）と製作指定用の製作図があり、ともに図面と称される。デザイン図には、アイデアスケッチから形状や概要確認するための最初のラフ図面、モデル用のモデ

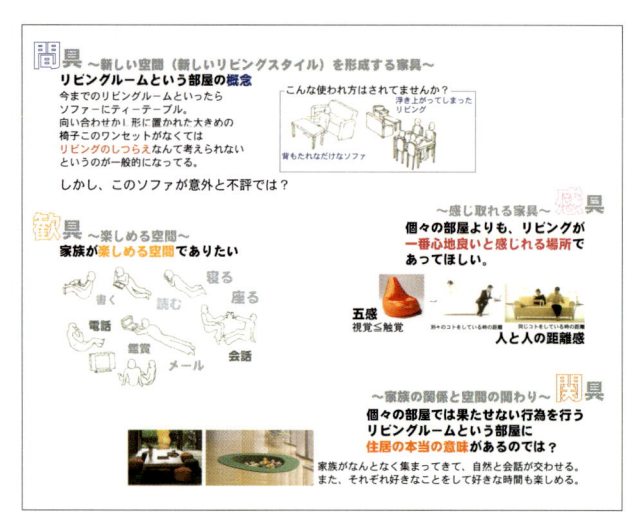

図79　イメージコンセプトボード

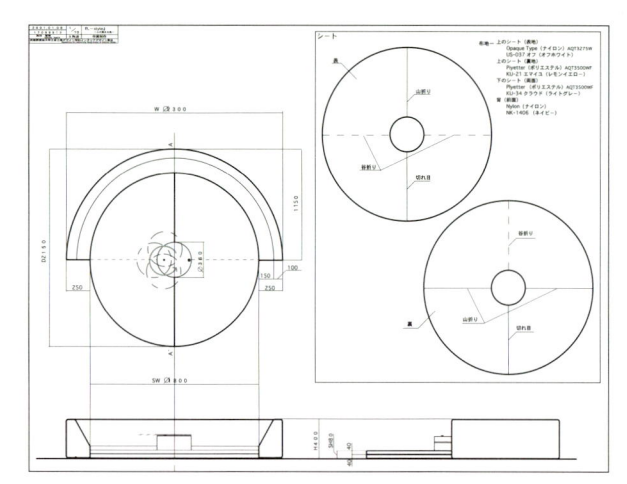

図80　プレゼンテーション用デザイン図

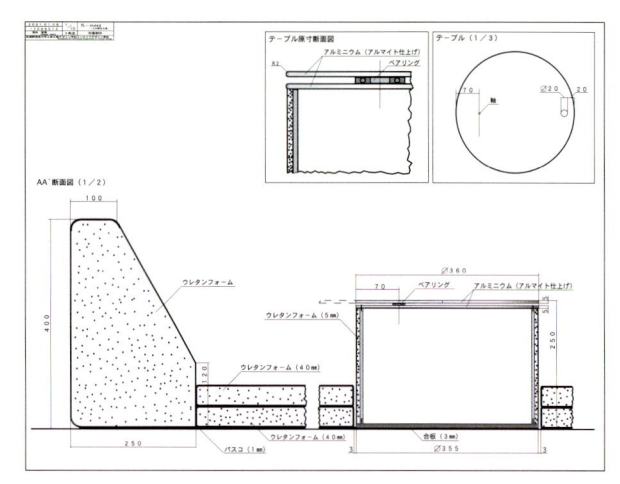

図81　プレゼンテーション用構造図

ル図面、外観把握のための外観（外形）図、デザイン検討用の部品図などがある（図80・81）。製作図には、試作のための試作図、製作するための図面＝製作図（組立図、部品図）、金型などの型図などがある。

スケッチではないが、デザイン検討用の外観図三面にスケッチの表現手法（素材感や陰影）を加え立体的にビジュアル表現した三面スケッチがある。

モデリング

デザインイメージを立体的に具現化し伝達しようとして模型をつくることをモデリング（図82）といい、デザインプロセスの過程でモデリングレベルは異なる。特にデザインの最終決定段階になると、よりリアルなモデルで確認をしようと試み、最終製品イメージに近いプレゼンテーションモデルが必要となる。

プレゼンテーションモデルには、量感や色や質感などの形状重視の外観モデルと、外観だけでなく構造や性能や機能性も重視したプロトタイプ（prototype）モデルとがある。プロトタイプモデルは製品の原型で、一品製作モデルと量産モデルとがある。ともに工場での生産を前提につくられる。

外観モデルの中でも、原寸の最終製品イメージそっくりに仕上げた外観模型のことを、モックアップ（mock up）モデルといい、最終デザインプレゼンテーションなどによく使われる。

このモックアップモデルによく使われる材料には、曲面を表現しやすい材料として石膏や油土やクレイ（工業用粘土）、プラスチック発泡材などがあり、平面を表現しやすい材料には厚紙やスチレンボードやバルサ（模型用木材）などがある。最近ではセラミック系の人口木材や、紙や樹脂の合成樹脂板などもあり、塗装やフィルムシートで表面加工しやすく、製品イメージそっくりに仕上げられる。

モデルをプレゼンテーションする時、使用想定空間に設置し、臨場感をもたせることも大切である。

コンピュータ

最近のIT革新は、デザインプレゼンテーションにおいても導入展開されており、その範囲は広くまた進歩も

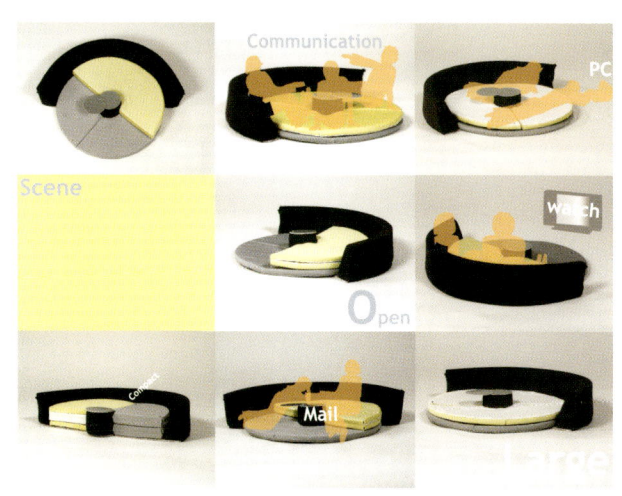

図82　モックアップモデルにコンピューター処理で人影を合成。

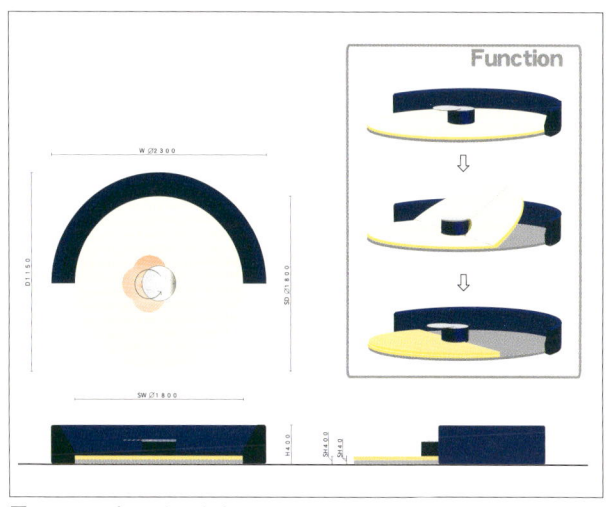

図83　コンピュータによるCAD&3D

著しい。

デザインイメージの表現伝達——言語、コンセプト、スケッチ、図面、モデルなど——は、現在のコンピュータ技術でほぼすべての表現が可能である。動画データやバーチャルリアリティで立体イメージを、さらにはサウンド機能などで臨場感も得られる。コンピュータは従来以上の訴求効果をもったプレゼンテーションが可能である（図83）。CADについての説明は第2章「デザインのすすめ方」内エスキースの流れのCADの項に記してあるので省略する。

作例：武蔵野美術大学　造形学部　工芸工業デザイン学科
インテリアデザイン研究室　教務補助　滝田智美

ケーススタディ

■ 椅子のデザイン

私たちは数多くのインテリアエレメントに囲まれて、日々暮らしている。その中でも椅子は、朝起きて朝食時に、通勤通学時に、学校及び勤務先に、またレストランなど、どこにでもあり、椅子と接することは日常的で特別なことではない。

一般に、椅子（chair）は人が座るための道具で、基本的には背もたれと座とそれを支持する脚からなる形態の家具を総称しており、他の椅子——スツールやアームチェアー——と区分する意味で日本では小椅子ともいう。

家具の中でも椅子は昔から人類と共に歴史を残してきた。椅子の起源は権威を象徴する座具に由来するといわれ、貴族など上流階級の間で使われ、装飾に重点が置かれていた。序々に一般庶民の間にも普及するようになり、生活の中で実用的機能が重視されてきた。日本では明治の文明開花の19世紀末以降、椅子式生活が序々に普及し

図84　リフレッシュチェア

始めた。今日では急速な洋風化によって、椅子は私たちの生活に欠くことのできない存在となった。

椅子は家具の中でも直接人の体に接し、しかも人間の姿勢を安全に支え維持する座具で、それぞれの目的・用途に応じて使いやすさや座り心地が要求される。

キャビネットやテーブルなどは使い方を工夫すれば多少融通がきいて対処もできるが、椅子は少しの不都合でも体に苦痛をもたらし、人に優しくなければならない。人体サイズや動作を学び、椅子の基本的構成要素——背もたれと座とそれを支える脚、さらに肘（アーム）部——を含めた4部位を理解することは基本である。

最近の椅子には、人に優しいだけでなく環境にも優しさが求められ、リサイクルやリユースなど多くの人に永く使ってもらえるための椅子が求められている。

ケーススタディの椅子として、用途やリユース・リサイクルに考慮した新提案の椅子について記す。

『リフレッシュチェア』
design:寺原芳彦

椅子をデザインする上で、大切なことはどのような目的の椅子をデザインすべきかであり、そのために使われる場所を想定し誰がどのように使うかをはっきりさせてから進むべきである。多くの場合、実用的な機能をもち、座りやすく新規性ある椅子を考えるのが一般的である。また場所を想定することはその椅子の使われ方はもちろん、置き方も考えながらデザインでき、その場の状況＝空間を見つめ直すことにもなる。

この「リフレッシュチェア」（図84・85）と称する椅子は、手提げバッグやハンドバッグなどの小ぶりのバッグ置き場を配慮した椅子で、レストランやオフィス・リフレッシュコーナーなどでの使用を想定したものである。「バッグが身近にしかも不自然でない状態で保持できたら！」が発想の原点と、デザイナーは語っている。

結婚式の宴会場などでもハンドバッグの置き場に困るのは女性ばかりではない。テーブル上に置くにはマナーとして好ましくないし、椅子に置くと座面をふさぐ。テーブルの下に置き棚があればよいがあまり見かけない。椅子やテーブルの下に置くのも場所柄避けたい。やはり、体に接していて身近となると膝の上か座の奥が適当な場所であるが膝の上では不安定で、結果として座の奥が最適である。

椅子の大きさとバック収納サイズとの関係をバランスよく、機能的で造形的にどうまとめるかが、このデザインのポイントである。スケッチワーク時、前から見た姿だけでなく、後ろからのプロポーションの美しさの追求にも留意したと考えられる。

バック収納のためのふくらみがつくるシェルのカーブと後ろ脚の形状がきれいなバランスを保っている。この今までにないシェルのカーブ形状は背の強度補強を必要とし、肉厚増やリブ付きを付加させたが、それを後ろ脚カーブにマッチさせ、きれいなディテールデザインにまとめてある。

この椅子はスタッキング（積み重ね）機能もあり、収納性をよくしている。

●仕様

シェルはポリプロピレン射出成型（座部位にはパッド付き）。リサイクル材、取り替え可。

脚はスチールパイプ径21φ、クロームメッキ、ABSキャップ。

図85　リフレッシュチェア

照明器具のデザイン

　照明器具デザインのポイントは、「あかりをデザインする」ことで、どのような光の造形物をつくり出すかである。光は、器具自体の形状や素材によって反射したり、透過したりして空間へ放射される。この光の広がり方が大切で、人間の行為と空間の用途に適応させるのが、あかりのデザインである。

　照明器具は光を人工的に発する機械道具で、灯具（光源と通電パーツ）やカバーなどから形成されている電気製品をいい、ガスや油やロウソクなどの燃焼によって光を得る器具と区分している。

　照明器具は設置される場所や位置によって、用途や効果が変わる。デザインする時、人の目線位置や使用空間に配慮が必要である。光の広がり方や日中の消灯時でも空間イメージと一体感があるよう心がけ、また、取り付けやメンテナンスのあり方を工夫し、操作性や安全性に配慮することも大切である。そして、忘れてはならないことに省エネルギーへの対処がある。使用光源はもとより、器具効率など省エネを考慮してデザインすることはこれからのデザイナーとして当然である。最近の蛍光ランプは普通電球より数倍のランプ効率のよさ（明るさ）があり、光色も電球同様の温かみを感じるタイプが普及し、今後新規性あるデザインの蛍光灯照明器具出現が期待される。

　デザインワークをするにあたって使用材料の特性を知り、その加工や仕上げ方法を熟知しておくことは重要である。照明器具の場合も同様であるが、その使用材料の種類は他のインテリアエレメントと比較して多種多様である。光を透過するガラスやアクリルなどのプラスチック、紙や布、加工しやすい鉄やアルミニウムなどの金属、さらに木や竹やＡなどの自然素材や陶磁器等々、いろいろな素材が用いられている。それだけデザインの広がりが可能であり、楽しめるアイテムでもある。

　ケーススタディとして、ノックダウンのリユース・リサイクル照明器具「ブランチ・ペンダント」について記す。

図86　ブランチ・ペンダント

図87　ブランチシリーズの製品群

『ブランチ・ペンダント』
design:落合勉

　ブランチ（branch；小枝）と名づけたこのペンダントはシリーズ製品としてデザインしたもののひとつである（図86・87）。海外の照明器具メーカーへ提示したものなので、スケッチ記載文字は英語となっている（図88・89）。

〈デザイナーのレポートより〉

　この照明器具発想の原点は、ミノムシの巣を見つめていた時の印象である。私は小枝にぶら下がっていた小さな巣を何気なく見ていた。細い糸の先端のその巣は、こまかい枝や枯葉の破片や小さな樹皮などが隙間なく寄せ集められていた。いろんな自然素材の小さな破片が、冬眠中のミノムシを守っているのかと思うとその巣が愛しく感じられ、よりじっくり観察した。寄せ集められた小さな破片は、すべて不定形で向きもばらばらであったがしっかり固められていた。一本の細い糸の垂線を中心にしてあちこちの方向線が巣を取り巻き形成していると知った。水平線のない形状、自然界ではそれが普通で、逆に水平面を有するものは人工物であると思えた。「水平線のない形状の照明器具があってもよいのではないか！出来そうだ！」ミノムシの巣を見つめていて閃いたのがブランチの発想である。アイデアスケッチ（図90）を展開し、シンプルにまとめるよう心がけた。試作用図面で全体のバランスや基本的構造を検討し、試作品にて確認をした。その結果、傾斜調整用のワイヤーなしでも斜め木の上部切断位置調整で可能となった。しかし、ワイヤーなしでは、任意の希望する方向性で固定できない問題点が浮上した。工場技術設計者たちによる構造実験がなされ、吊り方法の新機構提案により任意位置での固定が可能となり問題は解決された。デザインイメージ変更せずに製品となった。

　ブランチは斜め木の灯具と、プラスチックシートとランプの、シンプルなる構成のノックダウン構造である。梱包もコンパクトで組み立てはドライバー1本で簡単にでき、掃除などのメンテナンスも容易である（図91）。プラスチックは再生利用できるポリプロピレンとし、サスティナブル製品でもある。

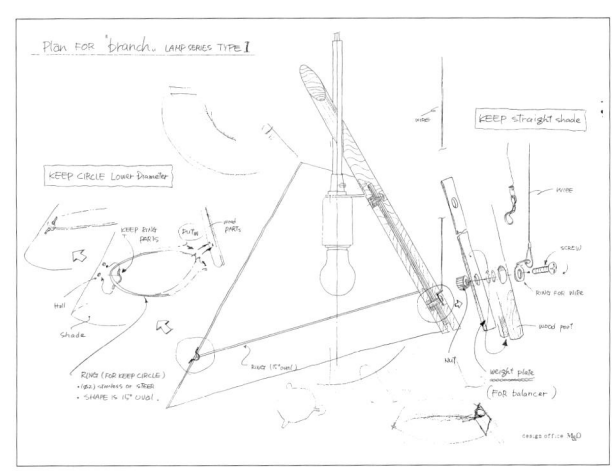

図88　プレゼンテーションシート

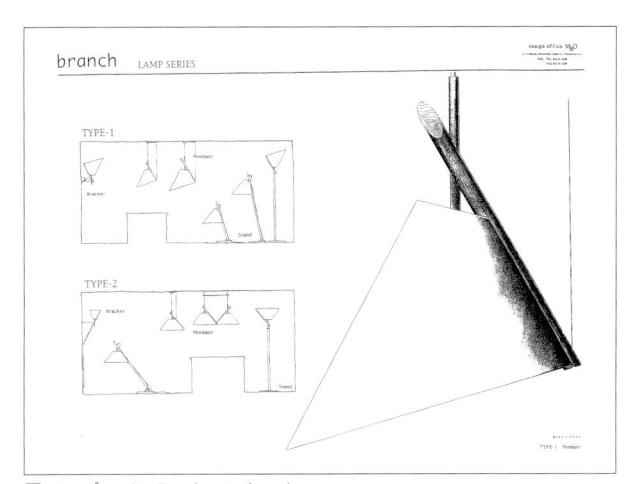

図89　プレゼンテーションシート

ブランチ・ペンダント小の仕様
セード：ポリプロピレン樹脂・白
　　　　耐電防止処理
木：堅木（たも）長円棒加工
ランプ：E-17 ミニクリプトン球60W
サイズ：H300×250×270（mm）
器具重量：0.3kg

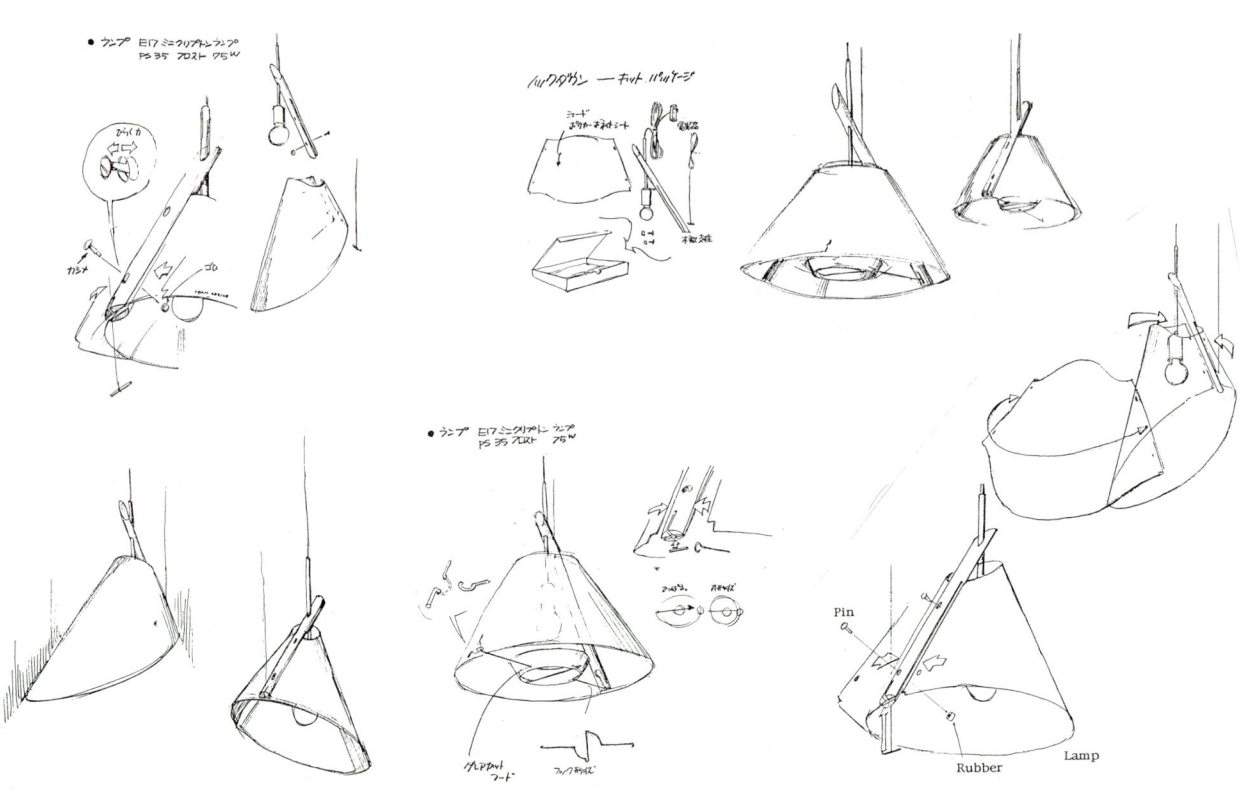

図90 アイデアスケッチ

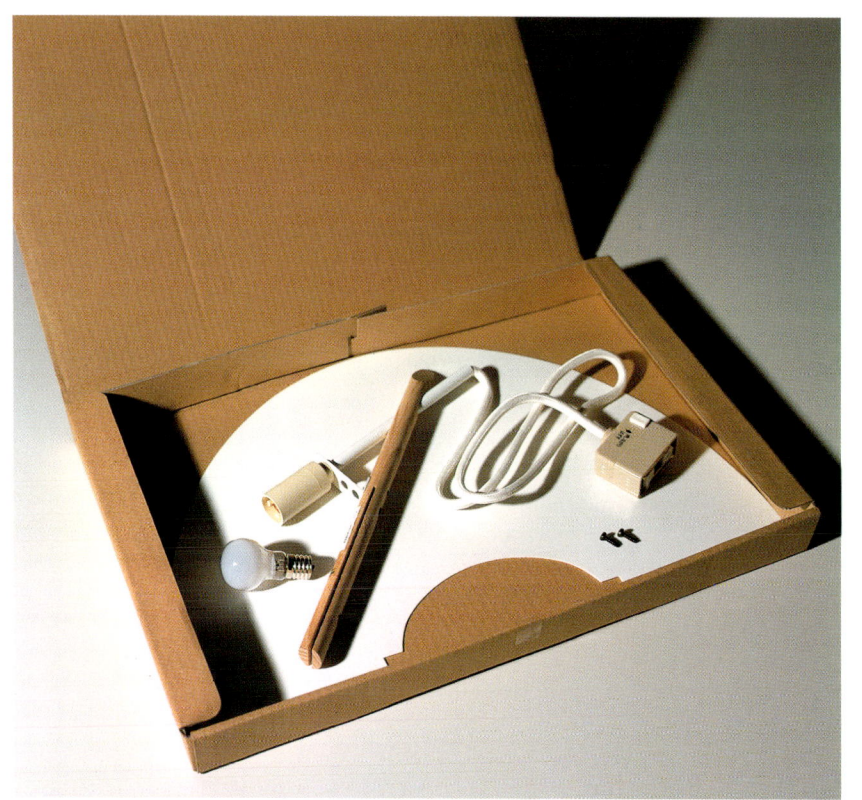

図91 ブランチ・ペンダントのノックダウン梱包

120 ケーススタディ

写真提供・協力：
図1・12・13・14・15・16・17・18・19・20／武蔵野美術大学 美術資料図書館
図2・23・24・30・31・32・33・35・36・37・38・39／ヤマギワ株式会社
図3・29／ルイスポールセンジャパン株式会社
図4／IDC大塚家具
図6／徳川美術館
図8／和風建築社
図9・45・58／株式会社アクタス 『ACTUS STYLE Book』から
図11／シェーカージャパン・イシヤマ
図21／神戸らんぷミュージアム
図25／GAS MUSEUM がす資料館
図28・40／ミサワホーム株式会社
図34／石井幹子デザイン事務所
図41・68／『モダンリビング』138号（2001年）アシェット婦人画報社
図42／MKクリエイト、『美しいインテリア 北欧スタイルで部屋を素敵に』(2001年) 成美堂出版
図43・44／株式会社ノダ
図47／ハーマンミラージャパン株式会社
図48／ヨシモトポール株式会社
図49・51・54／『Street Furniture』(1990年) 向田直幹著 美術出版社
図55／株式会社環研究所
図56・57／『インテリアの空間と要素をデザインする』(1994 年) フランシス・D.K.チン著 太田邦夫・菊池岳史・ペリー史子訳 彰国社より転載
図59／インテリア・マガジン『confort』(1999年) 建築資料研究社
図62／株式会社エス・ジー・オー・ジャパン
図64・65・66／リビングデザインセンターOZONE
図67／『モダンリビング』130号（2000年）アシェット婦人画報社
図69・70・71・73／『インテリア設計の実技』(1996年) 村野聰著 彰国社
図76・77／『モデリングテクニック』(1991年) グラフィック社
写真
図27: ⓒBILD-KUNST,Boon&APG-Japan/JAA,Tokyo,2002
図28: ⓒBILD-KUNST,Boon&APG-Japan/JAA,Tokyo,2002
図30：LUXO ITALIANA S.p.A.
参考文献
『インテリアの材料と商品』 産業調査会 デザイン情報サービス
『インテリアデザイン1』 鹿島研究所出版会
『インテリアデザイン2』 鹿島研究所出版会
『トータル・ランドスケープ＆ストリートファニチャー』 グラフィック社
『ストリートファニチャー』 美術出版社
『建築家の椅子111脚』 鹿島出版会
『インテリア・カタログ家具』 婦人画報社
『インテリアパース教本』 彰国社
『インテリアの空間と要素をデザインする』 彰国社
『モデリングテクニック』 グラフィック社
『インテリア設計の実技』 彰国社
『SHI/KI/RI』 光琳社
『家具の歴史』 近藤出版社
『ミサワホーム・バウハウス・コレクション図録』 ミサワホーム総合研究所
『闇をひらく光』 法政大学出版局
『インテリア計画』 コロナ社
『光と色の環境デザイン』 社団法人日本建築学会編 オーム社出版局
『美術手帳 デザインの歴史と用語』 美術出版社
『公共空間のデザイン』 大成出版社
『デザイン技法』 日本出版サービス
『日本人とすまい あかり』 リビング・デザインセンター
『照明』 社団法人日本照明器具工業会

監修者・著者紹介

寺原芳彦（てらはら・よしひこ）
1943年生まれ。'67年武蔵野美術大学工芸工業デザイン科卒業。BY・STEPデザイン研究室主宰。インテリアプロダクトを中心に空間領域のデザインを手掛ける。チタニウムによるチェアの研究と量産化は世界初の試み。ヴィトラデザインミュージアム、埼玉県立美術館所蔵。日産車インテリアパイロットデザイン、狭小空間〈HUT〉の研究。毎日ID賞特選、JID（日本インテリアデザイナー協会）賞、他受賞多数。オーストラリアクィーンズランド州政府の招聘により、現地デザイン指導。ノルウェー王国外務省の招聘により建築・デザイン視察、交流。チャールズ・イームズ研究者。武蔵野美術大学教授。

落合勉（おちあい・つとむ）
1948年愛知県三河生まれ。武蔵野美術大学・短期大学部デザイン専攻科修了後、'70年渡米しR.W.Rane（シカゴ・IIT）に師事。帰国後の'72年LDヤマギワ研究所に入社、照明に関する企画・デザイン・制作に従事、'74年国井喜太郎賞を担当メンバー所員として受賞、Gマーク賞・IF賞等の新製品開発業務をする傍ら、「日本のあかり展」等の展示会プロデュースや海外買付け業務を実践。'91年M&Oデザイン事務所設立、インテリアプロダクトの開発業務を主とし、国内外にて製品開発を手がける。製品には照明器具、家具、テーブルウェアー、ステーショナリー、花器等で、'83年のデザインフォーラム入選以後Gマークなど各種の受賞多数。代表作「サグラダ」照明器具はカナダ・トロント美術館、JIDAデザインミュージアム（日本）に収蔵。著書；「光と色の環境デザイン」（社）日本建築学会編・オーム社出版局共著等。所属；照明学会、日本インテリア学会、北欧建築デザイン協会等。愛知県立美術大学非常勤講師、武蔵野美術大学非常勤講師。

足立正（あだち・ただし）
1951年東京生まれ。'76年早稲田大学理工学部建築学科卒業。'78年武蔵野美術大学建築学科大学院修了。'78年竹山実建築綜合研究所入所。'81年武蔵野美術大学10号館、'86年エジプト・アラブ共和国大使館等を担当。'95年足立建築研究所設立、'98年岩手県山形村山村文化交流センター「おらほーる」（ゼロ建築都市研究所と協同設計）。他、徳尾邸、中山邸、寺沼邸等の住宅を中心に活動。日本建築家協会会員、東京建築士会会員。武蔵野美術大学非常勤講師。

インテリアデザイン

2002年4月 1日　初版第1刷発行
2006年2月10日　初版第2刷発行

監修者／寺原芳彦

著者／寺原芳彦＋足立　正＋落合　勉

編集・制作／株式会社武蔵野美術大学出版局

編集協力／株式会社エディックス

表紙デザイン／山口デザイン事務所

発行所／株式会社武蔵野美術大学出版局
180-8566　東京都武蔵野市吉祥寺東町3-3-7
電話　0422-23-0810

印刷・製本／大日本印刷株式会社

落丁・乱丁本はお取り替えいたします。

© Terahara Yoshihiko, Adachi Tadashi, Ochiai Tsutomu 2002

ISBN4-901631-36-5 C3052